美しくないゆえに美しい女たち

小谷野敦

二見書房

はじめに

歌舞伎研究家の中村哲郎さんから『勘三郎の死』を送っていただいた。歌舞伎エッセイ集だが、中に、旧知の中川右介さんの本に触れたところがあり、先に見たら、中川さんは玉三郎の美しさをいうが、歌舞伎には「醜悪美」というのがある、と書いてあり、それが心に残った。

確かに歌舞伎の女形には、美貌とはいえない人も多い。いや、むしろ美貌ではないほうが多いくらいではないか。中村歌右衛門だって、あれは美貌ではないだろう。水原紫苑は、猫背で悪声というのが歌右衛門のよさだと言っていた。また横綱審議委員になったこともある澤村田之助も女形だが、美貌ではない。

美貌のほうでいえば、私は今の坂田藤十郎が中村扇雀といった若いころ、「女よりきれいだ」と言われた舞台を観ていないのを残念に思う。私の若いころでさえ、扇雀にはその美しさは残っていたし、一時期私はせっせと扇雀の若いころの写真を集めたほどだ。

『ロッキー』という映画を私は最近、三十七年ぶりに観て感動した。二十歳の東大生だった私には、貧困生活から抜け出すという筋は理解できなかった。よくで

はじめに

きたスタローンのシナリオだが、それも、恋人になるエイドリアンのタリア・シャイアが美女役でなかったから完成度が高まっている。「機動戦士ガンダム」のミハル・ラトキエもブスだからこそ、あの哀切さが生まれる。

杉村春子が、戦後日本の最大の女優であると言ってもあまり異論はないだろう。そして杉村が、美人ではない、あえて言えばブスであることによって、その演技がすごみを増したと言ってもいいのではないか。

あえて「ブス」と言ったが、これは「不美人」など、婉曲表現を使ったほうがいいかもしれない。しかし、ブスであることによって美である、ということがある、ということは、押さえておいてもいいだろう。男でも、チャールズ・ブロンソンや渥美清、西田敏行など、ブ男の名優はいる。美形ではなくても名優たりうるということは、樹木希林の、若いころからの圧倒的な人気でもわかるだろう。

容貌で人を判断してはいけない、というルッキズム批判というのがあり、そういうことを口にするのをためらう人やたしなめる人がいる。だが、いくら口で言うのをやめても、美貌ゆえに人気があるという現象は止めることができないではないか。それくらいなら、もっと美の範囲を広げるようにすべきではないか、というのが本書の趣旨である。

人間が異性や同性の顔を美しいと感じるのは、要するに動物としての性欲によるものである。

基本的に女性だが、歌舞伎の女形なども選んでいる。本当は、作家や学者でもそう感じる人はいるのだが、それはちょっとまずかろうというので、存命の人の場合は藝能人に限った。また、ここに選ばれた中で、別にブスじゃない、美人じゃないか、許せないという人もいるかもしれないが、その場合は、世間ではこの美が分からない人もいるだろう、程度にとらえてもらいたい。

CONTENTS

ジェニー・アガター

Jenny Agutter
1952-

ジェニー・アガターという女優は、日本ではあまり知られていない。私がジェニーを知ったのは、『鷲は舞い降りた』（一九七六）で、チャーチル暗殺を企てるドイツ兵らの支援のため、いきなり英国の村に現れたアイルランド人役のドナルド・サザーランドにたちまちたらされてしまう変な村娘の役でだった。

美人一歩手前というあたりが気に入って、気になって調べると、デビューは十一歳で『激流ナイルの恋』（六四）に子役として出演した時で、邦題を『美しき冒険旅行』という映画『ウォークアバウト』（七一）が、出世作であることを知り、ビデオを入手して観たのである。監督はニコラス・ローグ。

オーストラリアで、父が事業に失敗して自殺する巻き添えにされ、自動車から逃げ出して生き残った姉と弟。姉がジェニーである。場所は荒野。二人はサヴァイヴァルの旅に出ることになるが、途次、先住民（アボリジニ）の少年と知り合う。彼は、成人の儀式としての「ウォークアバウト」の最中で、荒野で一人生き延びる試練を与えられていた。言葉は通じないが心を通いあわせ、三人は旅を続ける。

ここで、大きな池で三人が泳ぐシーンがあり、ジェニーが全裸になる。公開された時は十八歳にはなっていたが、撮影されたのは十六歳の時らしい。だが、成人した当人が認めているのだから問題ないだろうし、第一美しい場面である。

さて三人は廃屋を見つけ、そこで生活を始めるが、少年はある日、ジェニーを前にして、奇妙な踊りを始める。いささか不気味でもある。ジェニーは呆然《ぼうぜん》とその踊りを見ているだけだが、翌日、少年が首を吊って死んでいるのを発見する。映画を観ただけではわからないが、踊りは求愛の儀式であり、女の同意が得られなかったことで、少年は成人儀式に失敗したということで死を選ばざるを得なかったのである。姉弟はその後文明社会へ戻り、ジェニーが人妻になって、あの冒険の日々を追想するところで終わっている。たいへん美しい映画である。

ジェニーの他の出演作では、ポール・ギャリコの原作をテレビドラマ化した「スノーグース」(七二)がある。これは第二次大戦のダンケルクの悲劇を背景にし、ドイツ軍に追いつめられた英仏連合軍を、英国から舟を出して救う猟師と、そこにいる少女の話で、その少女をジェニーが演じている。ジェニーの顔の特徴はつんと上を向いた鼻で、これがあるがゆえに美人ではないと認識されがちなのだろうが、私はちょっとわけあってこういう鼻が好きなのである。それにしても、ジェニー・アガターの良さを日本人にはもっと認知してもらいたいし、ジェニーの良さがわかることが成熟のしるしではないかとまで私は考えている。

ジェニー・アガター　イギリス・サマセット州トーントン出身。父は英国陸軍勤務でキプロス島やマレーシアなどで育つ。一九六四に『激流ナイルの恋』でデビュー。BBC「スノーグース」でエミー賞助演女優賞受賞（日本ではNHKで放送）。七四年にアメリカに移住。『鷲は舞いおりた』（七六）、英国アカデミー賞助演女優賞を受賞した『エクウス』（七七）、『狼男アメリカン』（八一）などで人気を博す。九〇年代にイギリスに帰国。活動の中心をテレビに移し、「百万ドルを取り返せ！」（九〇）、「宇宙船レッド・ドワーフ号」（九三）、「アガサ・クリスティー　ミス・マープル」（二〇〇四）、「名探偵ポワロ」（〇六）、映画『やわらかい手』（〇七）などに出演。一二年以降はハリウッド映画に復帰し、『アベンジャーズ』（一二）、『キャプテン・アメリカ／ウィンター・ソルジャー』（一四）などに出演した。メーガン・マークルがヘンリー王子との結婚式前夜に泊まったクリブデンハウスや、スローンスクエアホテルなどを手掛けたホテル経営者と結婚。

Jenny Agutter

『美しい世界旅行』監督＝ニコラス・ローグ　一九七一年　キングレコード　©1971 Si Litvinoff Film Productions.

シシー・スペイセク

Sissy Spacek
1949-

下着姿で頭から豚の血を全身に浴びて叫び声をあげる少女、『キャリー』（一九七六）で一躍知られるようになったのがシシー・スペイセクだが、その後、『歌え！ ロレッタ 愛のために』（八〇）で、実在のカントリー歌手ロレッタ・リンを演じて、おや、こんなかわいらしい役もできるのか、と見直したものである。

ホラーも美人役もできるという点では、日本の佐伯日菜子や佐藤康恵（さとうやすえ）に及ばない感じはするが、『キャリー』を観た人は『ロレッタ』のほうも観てほしいというくらいの気持ちにはなる。

シシー・スペイセク アメリカ・テキサス州出身。十八歳で歌手デビュー。アンディ・ウォーホールのファクトリーでエキストラとして働いた後、アクターズ・スタジオに入学。一九七二年、『ブラック・エース』で映画デビュー。『地獄の逃避行』（監督＝テレンス・マリック　七三）の少女役で注目され、『ファントム・オブ・パラダイス』（監督＝ブライアン・デ・パルマ　七四）のスタッフを務めた後、二十五歳で『キャリー』（監督＝同　七六）に主演。十七歳の少女を演じ、アカデミー主演女優賞にノミネート。『歌え！ ロレッタ 愛のために』（八〇）でアカデミー主演女優賞、ゴールデングローブ賞主演女優賞受賞、サウンドトラックでグラミー賞にノミネート。同年、カンヌ国際映画祭パルム・ドールを受賞した『ミッシング』でジャック・レモンと共演。キャリアを重ねてからも『イン・ザ・ベッドルーム』（二〇〇一）でゴールデングローブ主演女優賞受賞。そのほかに『ストレイト・ストーリー』『フォー・クリスマス』『ヘルプ～心がつなぐストーリー～』などに出演。美術監督のジャック・フィスクと結婚し二女を儲ける。長女は女優のシュイラー・フィスク。

『歌え！ロレッタ愛のために』監督＝マイケル・アプテッド　一九八〇年
ジェネオン・ユニバーサル・エンターテインメント　©1980 Universal Studios.

ローレン・バコール

Lauren Bacall
1924-2014

イングリッド・バーグマンが美しいのは誰でもわかるが、本当の大人にならなければローレン・バコールの美しさはわからない、というような嫌味なセリフを言いたくなる女優である。

バコールのデビューは、ハンフリー・ボガートと初共演した『脱出』(一九四四)で、これはヘミングウェイの『持つと持たぬと』という中編小説を原作にしているが(映画の原題は小説と同じ)、背景はかなり変えてある。監督のハワード・ホークスは、映画が文学より上だということを示すために、ヘミングウェイに「君の一番くだらない小説から最高の映画を作ってみせる」と豪語し、実現したという。

第二次世界大戦でフランスがドイツに敗北し、ヴィシー傀儡《かいらい》政権が発足した際の、カリブ海のフランス領マルティニーク島での事件を描いていて、ボガートは釣り船の船長、バコールはアメリカから来た風来坊の女である。ボガートが、フランスの反政府活動家つまり反ナチの活動家の脱出を手伝ってほしいと言われてあれこれしているうちに、ボガートとバコールが恋仲になるという筋だ。

この映画で、バコールが最初に出てきた時はブスに見える。なんでこんなのが主演女優なんだろうとさえ思う。ところが、最後まで観ていると、何ともいい女に見えるようになっている。優れた女優にはしばしばこういうことが起こる。かなり美人と見える女優でも、この種のオーラがないと成功せず、そんなに顔だちがパッとしない女優が大女優になるのはこの、いわば〝バコール効果〟によるのである。

バコールはその後、二十歳そこそこで、四十過ぎのボガートと結婚するが、ボガートが五十代で死んでしまい、のち俳優のジェイソン・ロバーズと結婚するが、一児を儲けたものの離婚している。八十九歳の長命を保ったものの、ボガート時代に代表作は集中しており、一貫して有力女優だったわけではなかったのも、必ずしも美貌ではなかったからだろうか。

自伝的著書が二冊ある。『私一人』と『いまの私』で、いずれも邦訳がある。

ローレン・バコール　アメリカ・ニューヨーク出身。ユダヤ人の家庭で育つ。ファッションモデルとして『ハーパース バザー』『ヴォーグ』『ライフ』などで活躍した後、ハワード・ホークスの妻の推薦により十九歳の時に『脱出』で女優デビュー。その眼差しは「ザ・ルック」と呼ばれた。女優のメイヨ・メソットと離婚したボガートと四五年に結婚、一男一女を儲ける。その後も『三つ数えろ』(四六)、『潜行者』(四七)、『キー・ラーゴ』(四八)など夫婦で共演した。下院非米活動委員会の「赤狩り」にボガートと連名で抗議文を送ったことで有罪判決を受け、弾圧された人々から距離を置いた。『百万長者と結婚する方法』（五三）、『風と共に散る』（五六）、『バラの肌着』（五七）などに出演する中、五七年にボガートと死別。フランク・シナトラと交際した後、六一年に俳優のジェイソン・ロバーズと結婚、一男を儲ける（後に離婚）。ブロードウェイで舞台女優としてもキャリアを積み、『アプローズ』（七〇）『女性No.1』（八一）でトニー賞ミュージカル主演賞受賞。八十九歳で死去するまで『オリエント急行殺人事件』（七四）、『ミザリー』（九〇）、『ドッグヴィル』（二〇〇三）、『ハウルの動く城』（荒地の魔女役で声の出演　〇四）などに出演し続けた。

『ローレン・バコール　私一人』著＝ローレン・バコール　訳＝山田宏一　一九八四年　文藝春秋

春川ますみ

Masumi Harukawa

1935-

春川ますみは、元ヌードダンサーである。浅草ロック座から、日劇ミュージックホールへ移って、谷崎潤一郎も「私の好きな六つの顔」として六人の女の一人にあげ、一九五七年『中央公論』臨時増刊号のグラビアに、胸をあらわにした春川ますみの写真が載っている。当時、二十二歳である。その写真を見ると、もちろんその後映画などで見る春川よりは若くてきれいだし、胸の大きいのに感心させられる。しかし谷崎は春川が三十歳の年に死んでしまうが、その生前でさえ、春川について「ちょっと肥えすぎではないか」と書いているくらいで、当時から太りぎみではあったのだ。

その後は女優として多くの映画やドラマに脇役で出ていて、なじみの顔になったが、さすがに正面からはっとするほど美しいということはないし、そういう役をやったのも見たことはない。しかしあの谷崎潤一郎が好きだったとくるとオーラが見えるといったもので、別にそういう方面から美を見出してもいいのである。

はるかわ ますみ　栃木県宇都宮市出身。浅草ロック座、日劇ミュージックホールでダンサーとして活躍し、一九五九年公開『グラマ島の誘惑』（監督＝川島雄三）で女優デビュー。『にっぽん昆虫記』（監督＝今村昌平　六三）で注目され、『赤い殺意』（監督＝同　六四）の主演で日本映画記者会賞最優秀女優賞受賞。その他『トラック野郎』シリーズ、『男はつらいよ』シリーズ、テレビドラマ「赤かぶ検事奮戦記」シリーズ、「江戸を斬る」シリーズなどに出演。

『赤い殺意』監督＝今村昌平　一九六四年　ディメンション　©1964日活株式会社

泉ピン子

Pinko Izumi

1947-

大物俳優を悪役として配するテレビドラマ「ドクターX」に、泉ピン子が、西田敏行と並ぶ悪役として登場した時、私は、「おお、『淋しいのはお前だけじゃない』以来三十四年だ」と思ったものである。市川森一の名作ドラマ「淋しいのはお前だけじゃない」で、西田と泉は夫婦役を演じたのである。当時、泉は三十五歳、「ウィークエンダー」で人気が出て次第に認知度が高まっていたころのことだった。

しがない借金の取り立て人だった西田に、ブスな妻役の泉がいて、これが市川森一ならではのファンタスティックでロマンティックな物語の主役となっていくこのドラマが私は大好きで、日本のテレビドラマ史上ナンバーワンのドラマと言っても過言ではないと思っているのだが、ここでの泉ピン子は時おりとてもかわいかった。

大衆演劇のスターの梅沢富美男を支えて、莫大な借金を返すために演劇を打っていくのだが、泉が「ロマン座から電話があった」と西田に言うと、西田が「ちょっ、なんだお前ロマン座って、ロック座だろ、このやろ」と言って頭を軽くぶつ。これは確かリハーサルで泉が言い間違えたのに対する西田のアドリブを生かした演出だった。それでいて、西田が舞台に立つと、「お前が俺には最後の女～」と歌いながら客席の脇に立っている泉ピン子のほうをさすあたりは絶品だった。
最終回は、リアリズムを離れて（ということを丸谷才一が「朝日新聞」で絶賛していたのだが）悪の親玉の財津一郎をやっつけるのだが、そこで泉ピン子が、うまくいった、と笑顔で手を振り下ろすところのかわいらしさを、泉ピン子が美人ではないと思い込んでいる人はぜひ見てほしいのである。

いずみ ぴんこ　東京都中央区日本橋出身、銀座で育つ。父は浪曲師の広沢竜造。日本音楽高等学校中退後、牧伸二に師事し三門マリ子の芸名で歌謡漫談家としてデビュー。キャバレー回りを経て、一九七五年にリポーターとして「テレビ三面記事 ウィークエンダー」に出演。それを機に泉ピン子と改名。同年、『神戸国際ギャング』（監督＝田中登　主演＝高倉健）で女優デビュー、「花吹雪はしご一家」（演出＝鴨下信一）にも出演。八〇年に「手ごろな女」（脚本＝ジェームス三木）でドラマ初主演。歌手としては七七年発売「哀恋蝶」が約一〇万枚のヒットを記録した。七八年に映画『男はつらいよ　噂の寅次郎』（監督＝山田洋次）に出演。NHK大河ドラマ「おんな太閤記」（脚本＝橋田壽賀子　八一）、「淋しいのはお前だけじゃない」（脚本＝市川森一　八二年）、NHK連続テレビ小説「おしん」（脚本＝橋田壽賀子　八三）などで高い評価を得る。九〇年に放送を開始し、主演を務めた「渡る世間は鬼ばかり」（脚本＝同）は二十九年にわたるシリーズとなる。二〇一九年に旭日小綬章受章。一九九二年に上梓した初エッセイ『四年目のラブレター』（スコラ）の帯のキャッチコピーは「国民的人気女優」。

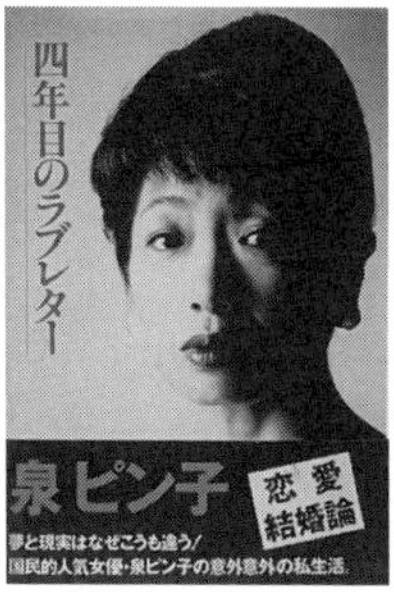
四年目のラブレター
泉ピン子
恋愛結婚論
夢と現実はなぜこうも違う！
国民的人気女優・泉ピン子の意外意外の私生活

『四年目のラブレター』著＝泉ピン子　一九九二年　スコラ

四代目市川猿之助

Ennosuke Ichikawa
1975-

今の猿之助は、亀治郎といった往昔《おうせき》は、女形をもっぱらとしていた。しかしある時、亀治郎が女形のお姫様で出ているのを見た私の同行者が「ブス」と言ったことがあり、確かに女形として亀治郎は美しくはなかった。だが、二〇〇七年の大河ドラマ『風林火山』に武田信玄役で登場し、その男役としての力量が認められて、以後ドラマや映画にも男役で登場するようになり、四代目猿之助も襲名し、「ワンピース」などの、伯父・三代目猿之助（現・二代目猿翁）の「スーパー歌舞伎」の衣鉢を継いで活躍している。

だが、猿之助本人は、女形が本領だと思い、かつ女形を続けていきたいようだ。相変わらず女形をやっても美しいとはいえないが、むしろ猿之助自身の女形への執着自体が、何やら女形めいて、美しくありたいと願う女のようであることがまた興味深くもあるのである。明治座で観た「男の花道」では、猿之助の女形藝が全開していて、何ともすさまじいものがあった。

いちかわ えんのすけ　東京都出身。父は四代目市川段四郎、伯父は二代目市川猿翁（三代目猿之助）、俳優の香川照之（九代目市川中車）は従兄。父方の祖母は女優の高杉早苗。慶應大学文学部国文学専攻卒業。一九八〇年の歌舞伎座「義経千本桜」安徳帝役で初お目見得、八三年の歌舞伎座「御目見得太功記」で二代目市川亀治郎を襲名し初舞台。二〇〇五年、重要無形文化財に認定。〇七年、NHK大河ドラマ「風林火山」の武田信玄役でテレビドラマ初出演。〇九年に藝術選奨文部科学大臣新人賞受賞。一二年、四代目市川猿之助を襲名。著書に『カメ流』『猿の眼　僕ノ愛スル器タチ』などがある。

『長塚誠志写真集　四代目 市川猿之助』著＝長塚誠志、市川猿之助（四世）　二〇一五年　パイ・インターナショナル

六代目澤村田之助

Tanosuke Sawamura
1932-

横綱審議委員も務めた女形である。父は五代目田之助で、澤村宗十郎、藤十郎ら、紀伊国屋の一門である。当代田之助は、ん？　という感じに、普通の意味で美しくはないが、歌舞伎ではこれで女形になりうるのである。歌舞伎の初心者が、坂東玉三郎のようなのを「美」の「女形」だと思うあまり、それとは違う女形の良さがわからないとそれは困る、というので田之助を置いておくという程度の意味合いである。ほかに、こちらはちょっと見ても美しいほうではあるが、片岡秀太郎もいい女形であった。

さわむら たのすけ　東京出身。一九四一年、歌舞伎座「伽羅先代萩」「高時」で四代目澤村由次郎を名乗り初舞台。その後、静岡に疎開。五三年に六代目尾上菊五郎の菊五郎劇団に復帰。六四年には歌舞伎座「仮名手本忠臣蔵」「神霊矢口渡」「頼朝の死」で六代目澤村田之助を襲名。九七年に紫綬褒章受章。二〇〇二年に人間国宝となる。一三年、旭日小綬章受章。好角家として知られ〇三年に横綱審議委員会委員に就任。

『演劇界』一九九一年十二月号　特集「幅の広い芸域と力―澤村田之助」　演劇出版社

六代目中村歌右衛門

Utaemon Nakamura
1917-2001

かねて世上に、中村歌右衛門というのは美しい女形なのか、という疑念が、あまり言葉にされずに渦巻いている。渡辺保は『女形の運命』(一九七四)で、女形でありながら中心に立とうとする歌右衛門を批判したが、『歌右衛門伝説』(九九)で半ば歌右衛門に降伏する形になり、歌右衛門は「渡辺保もやっとわかったのね」と言ったという。続いて中川右介が、美しい坂東玉三郎に対して歌右衛門は美しくもないしうまくもない、政治力でのし上がったのだと論じていたが、最近は軟化したか、歌右衛門の葬儀が雪に飾られて美しかった、というようなことを書いている。

水原紫苑は、歌右衛門の猫背と悪声がいいのだと言いつつ、若くて美しかった歌右衛門に自分は間に合わなかった、と含みを持たせている。歌右衛門はヘビースモーカーだったというから、悪声はその結果で、若いころはきれいな声だったとも想像できるが、残っている動画から見ても、あまり美しいとも、演技がうまいとも、私は思わないのである。

私は若いころ歌右衛門が「阿古屋の琴責め」をやるのを見たが、三味線・琴・胡弓をみな演奏しなければならないので、歌右衛門にしかできないと言われていたのが、いざ見てみるとどれもこれもひどい出来で、下座の三味線や胡弓がごまかしていたから、歌右衛門にしかできない、と言われてこんなものなのかと驚いたものだった。それはいわばホロヴィッツが初めて日本に来た時の演奏くらいひどかった。だがその後、玉三郎が阿古屋をやると、三味線も琴・胡弓も普通にちゃんと演奏できていたから、ああそうなのか、と妙な納得をしたものであった。
私はさほど玉三郎ファンではなく、むしろ坂田藤十郎の若いころの中村扇雀時代を女形の理想とする。しかし女形というのは、先代の中村芝翫がそうだったように、普通の意味で美しいばかりが能ではない。

なかむら うたえもん 東京出身。五代目中村歌右衛門の次男。幼少時に母の実家である河村家の養子となり、河村藤雄となる。先天性の左足脱臼が悪化し大手術を行ったため、左足の動きはぎこちなかったといわれる。一九二二年、新富座「真田三代記」で三代目中村兒太郎を襲名して初舞台。三三年に兄の五代目中村福助が早逝し、同年、歌舞伎座「絵本太功記・十段目」の初菊で六代目中村福助を襲名。三八年に付け人の男性と駆け落ちが報じられる。四一年、歌舞伎座「絵本太功記・十段目」の初菊、「浮世柄比翼稲妻」の白井権八などで六代目中村芝翫を襲名。吉右衛門劇団に所属し、初代吉右衛門や三代目中村梅玉、二代目實川延若らのもと修業。戦争末期から美貌が評判となる。四八年、文部省藝術祭文部大臣賞受賞。五一年には歌舞伎座「妹背山女庭訓」のお三輪、「京鹿子娘道成寺」の白拍子花子、「祇園祭礼信仰記」の雪姫で六代目中村歌右衛門を襲名。戦後の歌舞伎界における女形の最高峰と呼ばれた。日本藝術院会員、重要無形文化財保持者（人間国宝）に選出。三島由紀夫、谷崎潤一郎とも交友した。

『歌右衛門 名残りの花』著＝渡辺保　撮影＝渡辺文雄　二〇〇一年　マガジンハウス

樹木希林

Kirin Kiki
1943-2018

樹木希林という女優は、死ぬ段になって、えらい人気のある人だったんだなあ、と感じ入った。かつて悠木千帆といった時代、彼女が出ていた「寺内貫太郎一家」「ムー」などの番組を私は観ていなかったから、妙に人気があるなあ、と思っていたら、堂々とオークションを開いてその藝名を売り、樹木希林などという変な名前に変えたから、いよいよ変な人だと思ったし、見ていわゆる美人とは思わなかったから、岸田森と結婚していたと知った時は（それは子供のころだったから後で知った）驚いて、若いころは美形だったのだろうかと古い写真や動画で確認したがやっぱりあの樹木希林で、これは例の宮本百合子タイプ（後述）つまり人柄の魅力が容姿に優るのだろうと思うほかなかった。

父親は薩摩琵琶奏者だというから藝能のお嬢さんなのだろうが、娘が本木雅弘と結婚するとか、割とすごい人生を送った女優ではあった。

なお晩年に出演した映画『あん』は、ドリアン助川原作、河瀬直美監督の二〇一五年の映画だが、これは名作で、海外でも広く知られ、ドリアンの原作は各国語に翻訳されてベストセラーになっているのだが、ハンセン氏病が関連しているので、マスコミが腰が引けているのか、日本であまりそのことが知られていない。

きき きりん　東京府東京市神田区（現・東京都千代田区）出身。父は元警察官の会社員、母は神保町でカフェを営んでいた。千代田女学園卒業。一九六一年、文学座一期生として研究所に入る。藝名は悠木千帆。六四年に「七人の孫」（主演＝森繁久彌）に出演し注目される。同年、文学座同期の岸田森と結婚（六八年に離婚）。その後も「時間ですよ」「寺内貫太郎一家」「ムー」「ムー一族」「影の軍団」シリーズなどのテレビ番組で人気を得る。郷ひろみとデュエットした「お化けのロック」「林檎殺人事件」もヒットした。七三年に内田裕也と結婚、一女を儲ける。七七年にテレビ朝日の特番で藝名を競売にかけ樹木希林となる。ピップエレキバン、フジカラーなどのＣＭも話題となった。ＮＨＫ連続テレビ小説「はね駒」での主人公の母役で藝術選奨文部大臣賞受賞。「夢千代日記」での吉永小百合の朋輩の芸者役、杉田久女役で主演した「台所の聖女」も高い評価を受けた。映画『東京タワー オカンとボクと、時々、オトン』(二〇〇七)、『わが母の記』(一二)で日本アカデミー賞最優秀主演女優賞受賞。娘は女優・エッセイストの内田也哉子、娘の夫は俳優の本木雅弘。〇八年に紫綬褒章、一四年に旭日小綬章受章。

Kirin Kiki

『一切なりゆき　～樹木希林のことば～』著＝樹木希林　二〇一八年　文春新書

安藤サクラ

Sakura Ando
1986-

実に安藤サクラこそ、現代日本における「ブス美の時代」の幕を高らかに引き開けた当人であると言えよう（この「高らかに」はおかしい気もする）。

奥田瑛二と安藤和津の娘で、犬養毅の曽孫というサラブレッドだが、美しいといわれる母を持ちながら、太目に見えるし美貌とも言い難い。けれどその挙措には途方もない魅力があり、いったんそれにとらえられ、サクラの魅力に気づくと、美しいか美しくないかなどということがどうでもよくなってしまう。

『万引き家族』（二〇一八）で安藤サクラは、リリー・フランキーとのセックスシーンを演じている。胸は出していないが、その後ろから見た裸身は黒光りしてえもいわれぬ美しさだった。そしてその笑顔は、これが貧しい人たちの話であるということすら忘れてしまうほどのものであり、その演技力は、杉村春子の再来かと思えるほどで、今後の日本映画は安藤サクラを中心に回るだろうとすら思わせるものだった。

安藤サクラは、ブスの役をやったことがあって、サトエリこと佐藤江梨子が主演した山田あかね原作・監督の『すべては海になる』で、劇中劇の主役としてブスな女を演じていたのだ。

園子温監督『愛のむきだし』（〇九）でも、安藤サクラは怪しい宗教の幹部として異彩を放っており、私が初めて安藤サクラを見たのはこの映画でであった。

実は安藤サクラは七年くらい前にヌードを含んだ写真集を出している。ところが、一万円近い値段だったせいか、ちっとも話題にならなかったし、アマゾンレビューもつかなかったから、どう評価されているのかもわからなかった。私は当時かなり安藤サクラに狂っていたため、大枚をはたいてこれを買ってしまい、そのヌード写真があまりに美とはほど遠いことに愕然として、ほどなく売ってしまった、ということがあった。

あんどう さくら　東京都出身。学習院女子大学国際文化交流学部卒業。俳優の奥田瑛二と、エッセイストの安藤和津の次女。姉は映画監督の安藤桃子。夫は俳優の柄本佑。夫の父は俳優の柄本明、夫の母は女優の角替和枝（故人）。夫の弟は俳優の柄本時生。父が監督する映画『長い散歩』（二〇〇六）で女優デビュー。『百円の恋』（監督＝武正晴　一四）で日本アカデミー賞最優秀主演女優賞受賞。一二年に柄本佑と結婚。一七年に第一子を出産し、翌年にＮＨＫ連続テレビ小説「まんぷく」で主演。同年、主演した『万引き家族』（監督＝是枝裕和）がカンヌ国際映画祭でパルム・ドールを受賞し高い評価を得る。そのほか映画では『クヒオ大佐』（監督＝吉田大八）、『ケンタとジュンとカヨちゃんの国』（監督＝大森立嗣）、『奥田民生になりたいボーイと出会う男すべて狂わせるガール』（監督＝

大根仁）、テレビドラマでは「それでも、行きてゆく」（脚本＝坂元裕二）、「ゆとりですがなにか」ＮＨＫ大河ドラマ「いだてん～東京オリムピック噺～」（いずれも脚本＝宮藤官九郎）などに出演。

『まんぷく　上』作＝福田 靖　ノベライズ＝田渕 孝　二〇一八年　ＮＨＫ出版

寺島しのぶ

Shinobu Terajima
1972-

寺島しのぶもまた、七代目尾上菊五郎と藤純子（のち富司純子）という美男美女の間に生まれたサラブレッドだが、容貌はいわゆる美人とはいえず、しかしその演技力は、時に父の菊五郎も弟の菊之助も超えている。「グリークス」（二〇〇〇）で、寺島しのぶと菊之助によるエレクトラとオレステスを観られたのはまことに幸いなことであった。

映画ではずいぶん汚れた役もやるしのぶだが、ドラマ「裏切りの街」（一六）での、池松壮亮と不倫する人妻の役などが印象に残っている。

ただ、これが決定版だという役にはまだ恵まれていないような気がする。私としては、明治期に女団洲と呼ばれた女歌舞伎役者の市川九女八《くめはち》を主役にした映画を作ってもらいたく、九女八を演じられるのは寺島しのぶしかいないと思っているのだが……。

てらじま しのぶ　京都府京都市出身、東京都で育つ。父は七代目尾上菊五郎、母は女優の富司純子、弟は五代目尾上菊之助。青山学院大学文学部卒業。太地喜和子の勧めで一九九二年に文学座に入団、九六年に退団する。二〇〇〇年に『シベリア超特急2』（監督＝水野晴郎）で映画デビュー。〇三年、母の猛反対を押し切って出演した『赤目四十八瀧心中未遂』（監督＝荒戸源次郎）で日本アカ

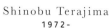

デミー賞最優秀主演女優賞を、『ヴァイブレータ』（監督＝廣木隆一）で東京国際映画祭最優秀主演女優賞を受賞。『愛の流刑地』（〇七）で再び日本アカデミー賞最優秀主演女優賞受賞、一〇年に『キャタピラー』（監督＝若松孝二）でベルリン国際映画祭の最優秀女優賞（銀熊賞）受賞。「近松心中物語」（演出＝蜷川幸雄　九六）で読売演劇大賞優秀女優賞受賞。その他「グリークス」（演出＝蜷川幸雄　二〇〇〇）、「欲望という名の電車」（演出＝同　〇二）など舞台でも活躍。〇三年にエッセイ『体内時計』を上梓。〇七年に日本在住のフランス人アートディレクターと結婚、一二年に長男の眞秀を出産。眞秀は四歳で歌舞伎座「魚屋宗五郎」の丁稚役で初お目見。

『ヴァイブレータ』監督＝廣木隆一　二〇〇三年　ハピネット　©2003「ヴァイブレータ」製作委員会

キャサリン・ヘプバーン

Katharine Hepburn
1907-2003

キャサリン・ヘプバーンは、西洋版杉村春子とも言うべき女優だが、私は長いことその価値に気づかなかった。若いころ観た映画が良くなかったともいえ、『黄昏』（一九八一）とか『冬のライオン』（六八）で見ていたのだが、オードリー・ヘプバーンはいいけれど、こっちはなあ、と思っていたのである。『旅情』（五五）は好きな人がいるようだが、私にはピントのずれた映画としか思えなかった。

三十過ぎて、『アフリカの女王』（五一）を見て、あっこれはすごい女優だ、と気づいたのである。戦争中のアフリカで、ハンフリー・ボガートとキャサリンがめぐりあい、いきがかりから二人で船に乗って逃亡することになり、敬虔《けいけん》なキリスト教徒のキャサリンはがさつなボガートを嫌っていたのに、いつしか恋するようになるという大人のラブロマンスで、この時キャサリンは四十四歳と、若くて美しいというような年齢ではない。ボガートのほうは五十二歳である。しかるにキャサリンのかわいらしいこと。これですっかり見直したわけである。

若いころの『赤ちゃん教育』（監督＝ハワード・ホークス　三八）は、スクリューボール・コメディというやつで、赤ちゃんというのは人間ではなく豹《ひょう》の赤ちゃんで、ここでも恋するキャサリンが、相手の男（ケーリー・グラント）の台詞に突然顔を輝かせて笑顔になるところが実にいい。

あとは、クララ・シューマンを演じた戦後の『愛の調べ』（四七）もあるが、この時点で四十歳だから、けっこう歳がいってからも若い役をやる女優だったことになる。
あまり知られていないが、テネシー・ウィリアムズ原作の映画『去年の夏 突然に』(五九)でも、機械仕掛けの椅子で二階から降りてくる怪しい婦人を演じていて迫力があった。これはやはり大女優の風格である。

キャサリン・ヘプバーン アメリカ・コネチカット州ハートフォード出身。父は医師、母はフェミニスト運動家。ブリンマー大学卒業後、ニューヨークで舞台に出演。一九三二年に『愛の鳴咽』(監督＝ジョージ・キューカー)で映画デビュー。三三年に『若草物語』がヒットし、次女のジョー役でヴェネツィア国際映画祭最優秀女優賞を、三四年に『勝利の朝』でアカデミー主演女優賞を受賞し人気を博すが、以降は四〇年の『フィラデルフィア物語』(監督＝ジョージ・キューカー)の大ヒットまで低迷する。三〇〜四〇年代は『赤ちゃん教育』『素晴らしき休日』『女性No.1』などで知的で自立した個性的な女性像を演じた。五〇年代からは舞台でもさらなるキャリアを積み、ハンフリー・ボガートと共演した映画『アフリカの女王』(五一)も大ヒット。その後も『旅情』『去年の夏 突然に』『招かれざる客』『冬のライオン』『オレゴン魂』『黄昏』など、母親役やオールドミス役で高い評価を得る。既婚者のスペンサー・トレーシーとパートナーになり、晩年はスペンサーを看病し、六八年にその死を看取った。著書は『「アフリカの女王」とわたし』と『Me キャサリン・ヘプバーン自伝』が日本で翻訳された。大富豪のハワード・ヒューズとの若き日の恋愛は映画『アビエイター』（監督＝マーティン・スコセッシ　〇四）でも描かれた。

『Me キャサリン・ヘプバーン自伝』著＝キャサリン・ヘプバーン　訳＝芝山幹郎　一九九八年　文春文庫

吉村実子

Jitsuko Yoshimura

1943-

吉村実子を、一九八〇年、NHKの「ドラマ人間模様」の、向田邦子オリジナル脚本「あ・うん」で見た時は、もちろん私はこの女優を知らなかった。当時三十七歳で、ほぼ引退した形になっていたのが登場したのであるが、これがフランキー堺の主人公の妻役で、主人公の親友の杉浦直樹が、「プラトニック・ラブ」をしている役なのである。

当時私は高校三年生で、吉村実子を初めて見るから、この特別に美人とも思われない人に、夫の親友が片思いしているという筋立てがかなり飲み込みにくかった。ただじわじわと、ああこの容貌やら人柄やらがいいのだ、ということは何となくわかった。

のちこの作品は映画化され、板東英二、高倉健、富司純子というキャストになったが、これは失敗作だったと少なくとも私は思っている。映画向きでない題材だとも思うが、富司純子というキャスティングが、美人であるために違っていて、ああこれは吉村実子なればこそ人間の深みがわかるドラマだったのだなあ、と思った次第である。なおその後、私は吉村実子を見る機会はないが、吉村実子の実姉は芳村真理で、これまた一種のブス美の人であり、元モデルだというから、近頃人気の高い市川実日子とその姉の市川実和子みたいなもんであろうか。

なお余談ながら、「あ・うん」の視点人物は岸本加世子が演じた娘で、これが向田邦子本人にあたるのだろうが、続編では永島敏行演じる恋人ができる。永島はマルクス主義にかぶれた学生で、岸本は背伸びして、

「私も知ってる、マルクス・エンゲルス」

と言う。永島は、素知らぬ顔で「それ、どこの人?」と訊く。岸本が「ロシアの人」と言うと、永島はちょっと微笑して「カール・マルクス、フリードリヒ・エンゲルス、ドイツの人だ」と言い、二人だったのかと岸本が驚くのだが、当時私は、今ならさしずめ「ドゥルーズ・ガタリ」だろうな、などと思ったことであった(「続あ・うん」は向田邦子がまだ生きていた八一年の放送なので、私がそう思ったのは二年くらいあと)。


吉村実子は、若いころ、新藤兼人の映画『鬼婆』(六四)に出て評価された。戦国時代の野に放たれた女二人の凄惨な話で、乙羽信子と吉村が、姑と嫁を演じ、吉村は全裸で走り回っていた。その当時も美人ではなく少年風だったがそれがすごかったのである。

よしむら じつこ 東京都出身。女子美術短期大学卒業。高等学校在学中、十七歳でスカウトされて、一九六一年公開『豚と軍艦』（監督＝今村昌平）で映画デビュー。『にっぽん昆虫記』（監督＝同 六三）にも左幸子演じる主人公のたくましい娘役で出演。『鬼婆』（監督＝新藤兼人 六四）でブルーリボン賞助演女優賞受賞。六八年に石立鉄男と結婚（長年の別居を経て九八年に離婚）。七〇年公開『どですかでん』（監督＝黒澤明）に出演後は引退状態だったが、八〇年のNHK「あ・うん」（脚本＝向田邦子、演出＝深町幸男）で本格復帰。以降、テレビドラマでは「続あ・うん」（脚本＝向田邦子）、「父の詫び状」（原作＝向田邦子、脚本＝ジェームス三木）、NHK連続テレビ小説「和っこの金メダル」「おひさま」、「相棒」「書店員ミチルの身の上話」、映画では『みんなのいえ』（監督・脚本＝三谷幸喜）、『空気人形』（監督＝是枝裕和）、『凶悪』（監督＝白石和彌）、『私の男』（監督＝熊切和嘉）などに出演。

『豚と軍艦』監督＝今村昌平　一九六〇年日活／ハピネット　©1960 日活株式会社

芳村真理

Mari Yoshimura

1935-

私が若いころ、民放の歌謡番組の司会を長いことしていたが、私はちゃんと観たことはなく、それでいて、なんでこんな特に美しいと思われないおばさんが司会をしているんだろうとひどいことを思っていた。

しかるに最近、当時の動画をあれこれ見ていて、芳村真理の司会がうまい、ということが分かった。井上順など、男性司会者のサブとしていたらしいが、やりとりのうまさとか、場を明るくする力がある。もっともウィキペディアを見ると「コケティッシュな顔立ちとグラマラスな肢体」で人気があったと書いてあるが、私が知り得ぬ時代のことと思われ、ちょっとさすがに私はそれは感じなかった。

よしむら まり 東京都中央区日本橋出身。妹は女優の吉村実子。東京都立西高等学校卒業後、デパート勤務を経て、ファッションモデルとなる。『週刊明星』『週刊女性』『週刊平凡』『婦人画報』などのグラビアや広告で活躍。一九五九年、渋谷実監督『霧ある情事』で映画デビュー。『明日への盛装』『くノ一忍法』『秋津温泉』『非行少女ヨーコ』など多くの映画に出演。六六年に「小川宏ショー」の司会に抜擢されて以降、「夜のヒットスタジオ」「新春かくし芸大会」「料理天国」などで司会を務めた。シャネルやエルメス、ディオール、アルマーニなど世界のハイブランドを着こなすファッションセンス、明るくフランクな司会ぶりが定評を得る。六二年にミッキー・カーチスと結婚、一男を出産（後に離婚）。六八年、日本ポラロイドやキヤノンの取締役、カルティエ・ジャパン社長を務めた大伴昭と結婚。現在はＮＰＯ法人の副代表として植林啓発活動などに関わる。

『私のタイムライブラリー』著＝芳村真理　一九八九年　読売新聞社

ヴィヴィアン・リー

Vivien Leigh
1913-1967

ヴィヴィアン・リーは美しいのだろうか？　ウィキペディアを見るとそう書いてあるが、私には「正統的な美人ではないが魅力的な顔だち」に思える。だから、「美人ではなかった」スカーレット・オハラの役がはまり役になったのだと思うのだが、『謎とき「風と共に去りぬ」』で鴻巣友季子は、絶世の美女であるヴィヴィアン・リーが美人ではないスカーレット・オハラを演じている点をあげて、原作と映画の違いだと言っている。そうなのかなあ……とモヤる。

ヴィヴィアン・リー　イギリス領インド・西ベンガル州ダージリン出身。父は実業家、母方の曽祖父はインド人。六歳でロンドンのカトリック修道院の学校に入学。父に随行してヨーロッパ各地を旅行した後、ロンドンに戻り王立演劇学校へ入学。一九三二年、弁護士のハーバート・リー・ホルマンと結婚し、一女を儲ける。三五年に映画デビュー。同年に出演した舞台「美徳の仮面」で高い評価を得る。舞台を観てリーを評価したローレンス・オリヴィエと三七年に映画『無敵艦隊』で共演。同年に舞台「ハムレット」でも共演。三九年には『風と共に去りぬ』公開、スカーレット役が絶賛されアカデミー賞主演女優賞受賞。四〇年、オリヴィエとリーはそれぞれの配偶者と離婚し、結婚する。結婚式には女優のキャサリン・ヘプバーンと劇作家のガーソン・ケニンの二人だけが立ち会った。同年公開の映画『哀愁』でも高い評価を得る。第二次世界大戦中はイギリス軍の慰問途中で結核に罹患。『シーザーとクレオパトラ』撮影中に流産し双極性障害の発作を起こす。舞台「欲望という名の電車」(四九)のブランチ役は高く評価され、五一年公開の映画版でもリーはアカデミー主演女優賞と英国アカデミー最優秀英国女優賞、ニューヨーク映画批評家協会主演女優賞を受賞。以降も舞台や映画に出演を続けるが、たびたび体調を崩し六〇年にオリヴィエと離婚。晩年はリーの病気を俳優のジョン・メリヴェールが支えた。

『ヴィヴィアン・リー』著＝アン・エドワーズ　訳＝清水俊二　一九八五年　文春文庫

エヴァ・マリー・セイント

Eva Marie Saint

1924-

まだ九十七歳で存命であることに驚いたのだが、エヴァ・マリー・セイントといえば、ヒッチコックの『北北西に進路を取れ』のヒロインである。西部劇『レッド・ムーン』でグレゴリー・ペックの相手役をやっているが、あまり面白い映画ではなかった。

『北北西に進路を取れ』は名作だが、これはあるパターンをとっており、謎の女が登場して、善か悪かわからないが、観客——読者はすでにこの女に心惹かれており、善であるといいな——と思いつつハラハラしていると、やっぱり善であるというパターンだ。黒岩涙香が翻案し、江戸川乱歩が書き直した『幽霊塔』がこのパターンで、私は高校生のころ乱歩のこれを実に手に汗握りながら読んだものだ。原作はウィリアムソンの『灰色の女』である。ウィルキー・コリンズの長編『白衣の女』もこのパターンか。

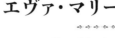

『北北西に進路を取れ』は邦題で、原題は『北北西』だけである。それでも意味不明だが、これは『ハムレット』の主人公のせりふ「私が頭がおかしくなるのは、北北西の風が吹く時だけだ」から来ているのではないかという説もある。

私は初めて観たのはテレビ放送だったが、解説の水野晴郎が「エヴァは決して美人じゃないんですよ、でもそれがだんだん魅力的に見えてくるんですね」と言っていたのが、確かにその通りで、観終わるとどういう顔だったか思い出せなくなった。

エヴァ・マリー・セイント　アメリカ・ニュージャージー州ニューアーク出身。ボーリング・グリーン州立大学卒業。ブロードウェイの舞台「バウンティフルへの旅」、テレビミュージカル「わが町」に出演し注目される。映画『波止場』（一九五四）でアカデミー賞助演女優賞受賞。六〇年代まで『夜を逃れて』『北北西に進路を取れ』『栄光への脱出』『いそしぎ』『グラン・プリ』など注目作に出演。七〇年代以降はテレビ出演が主になる。二〇〇〇年以降は『アメリカ、家族のいる風景』『スーパーマン リターンズ』『ニューヨーク 冬物語』など映画に復帰している。

『北北西に進路を取れ』監督＝アルフレッド・ヒッチコック　主演＝ケーリー・グラント　1959年　写真：アフロ

ヘレナ・ボナム＝カーター

Helena Bonham Carter

1966-

ヘレナ・ボナム＝カーターは、E・M・フォースターやヘンリー・ジェイムズの文藝映画で有名になったから、私はリアルタイムでその姿に接していた。出世作となった『眺めのいい部屋』（一九八五）のペンギン・ブックスの表紙はこの映画のスチールで、窓のところに恋人と向かい合って座っているのだが、それは普通に美人に見える。だが実際はわりあい横に張り出した顔で、ん？　美人なのか？　という顔である。ジェイムズ原作の『鳩の翼』で演じた役は絶世の美女なのだが、特に違和感はない。

アスキス首相の曽孫というサラブレッドだが、名家の顔というのは「ブス美」的であることが多いと私は考えていて、ボナム＝カーターのは典型的な名家のブス美顔である。私は割と好きだったのだが、だんだん年をとって変な役もやるようになり、どうも見るたびに変な気分になる。しかし嫌な気分ではもちろんない。

ヘレナ・ボナム＝カーター　イギリス・ロンドン出身。父はイングランド銀行や国際通貨基金などの要職に就いた銀行家。母は心理療法士。曽祖父は首相を務めたハーバート・ヘンリー・アスキス。大叔父は映画監督のアンソニー・アスキス。十六歳の時にテレビCMでデビュー。映画『眺めのいい部屋』（一九八五）で人気を得て、『ハムレット』『ハワーズ・エンド』『鳩の翼』などイギリスならではの美しいヒロインを演じた。三十代以降は『ファイト・クラブ』『PLANET OF THE APES／猿の惑星』『ビッグ・フィッシュ』『ハリー・ポッター』シリーズなどで個性的な役を演じる。『英国王のスピーチ』（二〇一〇）ではエリザベス妃を演じ英国アカデミー賞助演女優賞受賞。『フランケンシュタイン』（一九九四）の共演をきっかけに、ケネス・ブラナーと不倫関係になる。ブラナーはエマ・トンプソンと離婚し、ボナム＝カーターと同棲するが後に別れる。〇一年、映画監督のティム・バートンとの交際を公表し一男一女を儲けるが、一四年に離別したことを発表。

『眺めのいい部屋』E・M・フォースター　訳＝西崎 憲、中島朋子　二〇〇一年　ちくま文庫

アレックス・キングストン

Alex Kingston
1963-

アレックス・キングストンを知ったのは、「モール・フランダース　～燃ゆる運命の炎～」（DVDでは『モール・フランダース　偽りと欲望の航海』）として放送されたドラマの主演としてである。これはデフォーの『モル・フランダーズ』の映像化で、十八世紀英国で、中産階級家庭の小間使いとなったヒロインがその家の息子に誘惑されて堕落し売春婦となり後には子供の誘拐にまで手を染めて処刑される寸前を助けられるというもので、アレックスが何ともいえない色気を出していた。

その後「ドクター・フー」シリーズでドクターのコンパニオンのリヴァー・ソングの役をやって広く知られたが、私としてはモル・フランダーズの時の、不安げな表情の美しさが良かった。

アレックス・キングストン　イギリス・サリー州エプソム出身。父は肉屋を営むイギリス人、母はドイツ人の俳優ウォルター・レネイゼンの妹。王立演劇学校で学びロイヤル・シェイクスピア・カンパニーに所属した。テレビドラマ「ER緊急救命室」シリーズの外科医・エリザベス・コーディ役、「ドクター・フー」シリーズのリヴァー・ソング役などで人気を得る。一九九三年に俳優のレイフ・ファインズと結婚したが離婚。九八年にドイツ人の作家・ジャーナリストのフロリアン・ハーテルと結婚し一女を儲けたが離婚。二〇一五年、テレビプロデューサーのジョナサン・スタンプと結婚。映画『コックと泥棒、その妻と愛人』『キャリントン』『ウォリアークイーン』『今日、キミに会えたら』などに出演。

一九九七年スタジオインタビュー。©Armando Gallo via ZUMA Studio　写真：ZUMA Press/アフロ

藤山直美

Naomi Fujiyama
1958-

藤山直美は、普通に化粧して普通にしゃべっていたら、美人の部類である。だが、藤山寛美という喜劇俳優の娘で喜劇っぽい役が多く、小太りでもあるから、そうだと思われない（むかし、春日三球・照代という夫婦漫才がいて、三球はまだ存命だが照代は若くして急逝してしまった。この照代が、実は美人だった。漫才をするためにわざとか、声を汚くしていたからあまり気づかれなかった）。

藤山直美の唯一の著書『わたし、へんでしょ?』（二〇〇一）に中学・高校の時の写真が載っているが、なんや、かわいいやんか、である。それもそのはず、母は元祇園の芸妓はんである。実際には父親に似てはいるが、美の血が流れているわけである。

もちろん、演技力も抜群である。当人も周囲も、舞台役者に専念したがり、させたがっているのだろうが、私としてはもっと映画にも出てほしいと思っている。

ふじやま なおみ　大阪府大阪市出身、京都で育つ。京都女子高等学校卒業。一九六四年、NHK「お好み新喜劇・初代桂春団治」でデビュー。NHK連続テレビ小説「おんなは度胸」（九二）「ふたりっ子」（九六）で注目される。二〇〇六年、NHK連続テレビ小説「芋たこなんきん」で田辺聖子の自伝的主人公を演じた。

舞台でも活躍し、一二年に「ええから加減」で菊田一夫演劇賞演劇大賞、一八年に「おもろい女」で藝術選奨文部科学大臣賞、読売演劇大賞優秀女優賞、文化庁藝術祭演劇部門大賞受賞。二〇年に紫綬褒章受章。映画『顔』（監督＝阪本順治　〇〇）で主演し、報知映画賞最優秀主演女優賞、毎日映画コンクール女優主演賞などを受賞。一六年に主演した『団地』（監督＝同）で上海国際映画祭金爵賞最優秀女優賞受賞。

『顔』監督＝阪本順治　二〇〇〇年　松竹

松居直美

Naomi Matsui

1968-

これは、歌手のほうの松居直美だが、私は彼女が萩本欽一の番組で「微妙なとこネ」を歌っていたころ、「かわいい……けどこれは普通の感覚ではないんだろうな」と思っていた。鼻が特徴的だが、ジェニー・アガターといい藤山直美といい、私は一風変わった鼻の顔が好きらしい。

それで数年前、ふと松居直美のことを思い出して、ＹｏｕＴｕｂｅで「微妙なとこネ」をいくつか見てみたのだが、歌はうまいし藝はあるしかわいいしで、陶然として何度も観ることになってしまった。松居直美をかわいいと思ったことが本書の出発点の一つでもあった。

*

ところで、人が人を好きになったりするのを恋というが、これは性欲の働きである。そして、若い時は性欲は旺盛だから、近くにいる異性（または同性）を、近くにいるからという理由で好きになったりする。そしてあとで、その相手と似た藝能人を好きになったりするということがよくある。さほど美形でもない藝能人を好きになったりするのは、だいたいそういう経路が多いのではあるまいか。

まつい なおみ　茨城県筑波郡（現・つくば市）出身。中学二年で日本テレビ「歌まね振りまねスターに挑戦!!」に出演。一九八二年に「電話のむこうに故郷が」で歌手デビュー。同年、フジテレビ「欽ドン！良い子悪い子普通の子」のコーナー「良いＯＬ・悪いＯＬ・普通のＯＬ」で普通のＯＬ役に起用される。共演者の生田悦子・小柳みゆきと三人で歌った「大きな恋の物語」がヒット。その後は「ものまね王座決定戦」などで活躍。森尾由美、磯野貴理子の三人で出演するフジテレビのトークバラエティ番組「はやく起きた朝は…」はタイトルや放送時間を変えながら九四年から続く長寿番組となる。九五年に番組スタッフの男性と結婚し一男を儲ける（後に離婚）。料理が得意なことでも知られ、レシピ集を上梓している。

『可愛い料理』著＝松居直美　二〇一四年　朝日出版社

市川実日子

Mikako Ichikawa
1978-

さあみなさん大好きな市川実日子ですよ、と言いたくなるくらい、『シン・ゴジラ』(二〇一六)のあとの市川実日子人気はすごかった。関係ないのに嫉妬してしまったくらいで、ドラマ「アンナチュラル」(一八)でも石原さとみと一緒に出て、『シン・ゴジラ』の真似をしていた。

普通に美人だとあまり女のファンはつかないが、「ブス美」だと女のファンがつくから、安定して見えるという利点がある。

『シン・ゴジラ』での役柄が、好感を持たれるゆえんであったのは確かで、俳優の場合、演じた役柄と同一視されがちで、それで損したり得したりする。『シン・ゴジラ』では長谷川博己と市川実日子が得をした二人だろう。

市川実日子は一六九センチで、女としては高いほうだ。「色白は七難隠す」と言うが、背の高いのもわりあい美人感を増す。ただし太っていてはいけないし、高すぎてもいけない。モデルはだいたい一七〇センチ台の適切な背丈をしているから、そこそこの顔なら美人に見えるのである。では美人でも背丈が低いと損をするかといえば、そこそこ損はするらしい。以前、かなり美人だが身長が一四〇センチというAV女優がいたが……。

いちかわ みかこ　東京都出身。ファッションモデルとして『Ｏｌｉｖｅ』専属モデルの他、『ＣＵＴｉＥ』『装苑』『Ｚｉｐｐｅｒ』などで活躍。姉は女優・モデルの市川実和子。ホンマタカシが監督した短編映画で女優デビュー。『ｂｌｕｅ』（二〇〇三）で主演しモスクワ国際映画祭最優秀女優賞受賞。『シン・ゴジラ』（一六）で毎日映画コンクール助演女優賞、日本アカデミー賞優秀助演女優賞受賞。映画『夜空はいつでも最高密度の青色だ』『羊の木』『罪の声』、テレビドラマ「アンナチュラル」「白い巨塔」「凪のお暇」など注目作に出演。

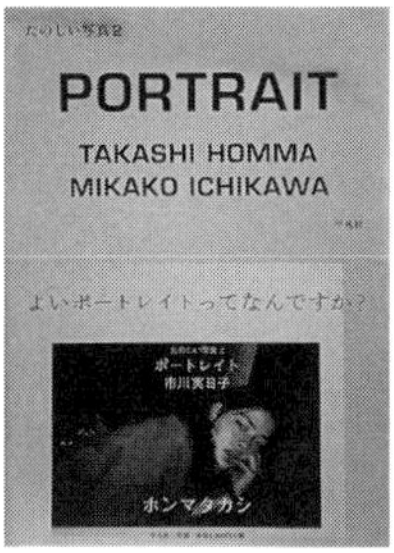

『ポートレイト 市川実日子（たのしい写真）』 著＝ホンマタカシ、市川実日子　二〇一二年　平凡社

タリア・シャイア

Talia Shire
1946-

私が映画『ロッキー』(一九七六)を最初に観たのは、テレビ放送された一九八五年だろうが、前情報が色々あったせいか、まあこんなもんだろうとしか思わなかった。先ごろ三十年以上ぶりに観て、感動して泣いてしまったのだが、やはり二十歳くらいの東大生にわかる映画ではなかったということだろう。

シルベスター・スタローンは、しがない脇役俳優で、『ロッキー』の前年の映画『さらば愛しき女よ』には、気を付けて観ていないとわからない程度の端役《はやく》で出演している。そんな中で『ロッキー』のシナリオを書いて主演し、一躍人気俳優になる。つまり『ロッキー』の主役の人生を地でいったわけだ。その住んでいる家の下層ぶりや、亀を飼って慰めにしていたり、その亀を買ったペットショップに行ってはそこに勤める美人でもない友人の妹、タリア・シャイアに言うジョークを毎日一つ考えていたり、生活のために借金の取り立て屋をやっていたり、その下層生活の描写がいいし、有名な「ロッキーのテーマ」が実は映画の中では一回しか流れないというところもいい。

そしてまたタリア・シャイア、これはフランシス・F・コッポラの妹で、ということは音楽家カーマイン・コッポラの娘だからちょっとしたお嬢さんなんだが、美人というわけではないところが『ロッキー』にすごみを与えている。このキャスティングはいい。ああそうだ、男というのは若い時には、女なら誰でもいい、という気分になることがあるものだ。いや、ロッキーにとってはエイドリアンが良かったのだからこういうことを言ってはいけなかった。

タリア・シャイア　アメリカ・ニューヨーク州レイクサクセス出身。父はNBC交響楽団の元フルート奏者で作曲家のカーマイン・コッポラ。兄は映画監督のフランシス・F・コッポラ。俳優のニコラス・ケイジは甥、映画監督のソフィア・コッポラは姪。イェール大学の演劇学科で二年間学んだ後、女優に専念。ロジャー・コーマン制作映画などに出演した後、『ゴッドファーザー』（監督＝フランシス・F・コッポラ　一九七二）の主人公の姉役で注目される。『ロッキー』（監督＝ジョン・G・アヴィルドセン　七六）で数々の主演女優賞にノミネートされるなど高い評価を得る。その他『プロフェシー／恐怖の予言』（監督＝ジョン・フランケンハイマー）、『エミリーの窓』（監督＝ゴードン・ウィリス）、『ハッカビーズ』（監督＝デヴィッド・O・ラッセル）などに出演。『サタデー・ナイト・フィーバー』『大統領の陰謀』『サブウェイ・パニック』『ガープの世界』『ゾディアック』などの音楽を手掛けたデヴィッド・シャイアと結婚。脚本家のマシュー・オーランド・シャイアは長男。後に離婚し、『郵便配達は二度ベルを鳴らす』『ネバーセイ・ネバーアゲイン』などの映画プロデューサーのジャック・

シュワルツマンと結婚。長男のジェイソン・シュワルツマンはウェス・アンダーソン監督作品などで活躍する俳優。次男のロバート・シュワルツマンは音楽家で、ソフィア・コッポラの映画などに出演もしている。

『ロッキー』監督＝ジョン・G・アヴィルドセン　主演＝シルベスター・スタローン　一九七六年　写真：アフロ

七代目中村芝翫

Shikan Nakamura
1928-2011

昔の歌舞伎の女形というのはどういう顔をしていたんだろうと考えて、幕末の浮世絵を見ていると、やっぱり芝翫みたいな顔だったんだろうかと思う。顎のしゃくれた顔である。

尾上梅幸や中村歌右衛門は私は美しいとは思わなかったが、芝翫だけは、この顎のしゃくれた顔で、ちゃんと「女」を表現していた女形だった。もちろん体全体の仕草が女になっているからなんだろうが、嫌いな芝居でも、芝翫が出ていると、そこだけ価値があると思える女形だったので、ちょっと世間は叔父の歌右衛門について語りすぎで、もっと芝翫を語るべきだろう、と思うことがある。

なかむら しかん　東京府神谷町（現・東京都港区）出身。父は早逝した五代目中村福助。一九三三年に歌舞伎座「桐一葉」の女童で初舞台、四代目中村兒太郎を名乗る。六代目中村歌右衛門とともに六代目尾上菊五郎に師事、四一年に歌舞伎座「戻駕色相肩」（戻駕）の禿たより、「仮名手本忠臣蔵・九段目」小浪で七代目中村福助を襲名。以降は女形として活躍。六七年に藝術選奨文部大臣賞、七五年に日本藝術院賞などを受賞。八九年に紫綬褒章、九九年に勲三等瑞宝章受章。九六年に重要無形文化財保持者（人間国宝）、二〇〇六年に文化功労者となる。「一本刀土俵入」のお蔦、「本朝廿四孝」の八重垣姫、「京鹿子娘道成寺」の白拍子花子などが当たり役としてあげられる。長男が九代目中村福助、次男が八代目中村芝翫、次女が波野好江（十八代目中村勘三郎夫人）。孫は六代目中村兒太郎、四代目中村橋之助、三代目中村福之助、四代目中村歌之助、六代目中村勘九郎、二代目中村七之助。

『演劇界』一九九一年五月号　特集「確かな存在感の女形―中村芝翫」演劇出版社

白洲正子

Masako Shirasu
1910-1998

白洲正子は、小林秀雄と親しく、能をやる随筆家として知られており、息子は小林の娘と結婚した。

青山二郎からは骨董を学び、『いまなぜ青山二郎なのか』といった著作もある。『お能』などの随筆があったが、次第に夫の白洲次郎が、吉田茂の右腕で英語の堪能な人物として持ち上げられるようになった。

八〇年代ころには、ちょっとした白洲正子ブームがあったような気がする。私はそのころ周囲に能に詳しい人が多いのに自分では能がわからなかったから能コンプレックスがひどく、岩波の『古典文学大系』、小学館の『古典文学全集』、『新潮日本古典集成』の『謡曲集』を全部読み、それでも載っていないのがあったから帝国文庫の謡曲集も全部読んで乗り切ったが、その時、白洲の『お能』はいい入門書だった。

骨董の件とか、あまり感心しないところもある人である。白洲の『両性具有の美』の新潮文庫版（二〇〇三）解説は、大塚ひかりが珍しく批判的に書いている。

しらす まさこ　東京府東京市麹町区（現・東京都千代田区）出身。父は実業家で貴族院議員・伯爵の樺山愛輔。祖父は元薩摩藩士・海軍大将で伯爵の樺山資紀。一九二四年、能舞台で初めて演じる。アメリカのハートリッジ・スクールを卒業。

聖心語学校中退。二九年に白洲次郎と結婚、二男一女を儲ける。『能面』（六四）、『かくれ里』（七三）がそれぞれ読売文学賞受賞。能、骨董、工芸、古典などについての著作多数。長女の牧山桂子は旧白洲邸武相荘を記念館として開館。

『白洲正子のおしゃれ――心を磨く88の言葉』著＝白洲正子、牧山桂子　二〇一六年　新潮社

村松美香

Mika Muramatsu
1969-

大正四年（一九一五）に北海道の三毛別（さんけべつ）などで人食い熊が現れて数人が犠牲になり、軍隊まで出動して、村民たちは避難し、熊撃ち名人が仕留めた話は、吉村昭の『羆嵐《くまあらし》』で知られる。この事件の実録もあり、この事件をもとに脚色したのが、千葉真一監督の『リメインズ　美しき勇者《つわもの》たち』（九〇）である。真田広之、菅原文太らが「赤マダラ」と呼ばれる恐るべき人食い熊を追うというアクション映画で、ジャパン・アクション・クラブが中心になっている。けっこういい映画だと思うのだが、あまり評価はされていないようで、しかし最近DVDになったのは再評価だろうか。

その『リメインズ』のヒロインは村松美香という新人女優が演じていて、これもJACなんだろうが、一家を赤マダラに食い殺され、女は山へ入ってはいけないという掟のために敵討ちへの参加を断られるが、男姿に変わってまで赤マダラを追う。

この村松美香が主題歌も歌っている。特別に美人というわけではないが、最後は真田とキスシーンを演じている。

はじめ、真田が旅から帰ってくると、村松が歩いて行く真田の周囲を飛び回るようにして、よその村へ嫁に出されたが亭主をひどい目に遭わせて逃げてきた、などと語るのだが、ここでの様式的な動きがいい。

ＪＡＣの人だから、体や手足は伸びやかに美しく、見ていて気持ちがいい。撮影には実際の熊を使ったようで、最後は一つの家をまるごと壊しての熊と真田、村松の格闘シーンになる。特別に美人でないとはいっても、私はこういう女優が好きである。

これ以外にはＮＨＫのドラマ「旅少女」に主演しただけで、映画やテレビに出た形跡はあまりないのだが、むしろこれ一本にのみ主演したあたりに、あたかも役が実在の人物のようなリアリティの源泉がある、とも言えようか。

むらまつ みか　東京都出身。堀越高等学校卒業。ジャパン・アクション・クラブに所属した。テレビ朝日の特撮番組「巨獣特捜ジャスピオン」（脚本＝上原正三）などに脇役で出演。各地を旅するサーカス団一家の生活を描いたＮＨＫ「旅少女」（一九八七）で、千葉真一と共に主役を務める。九〇年に映画『リメインズ 美しき勇者たち』（監督＝千葉真一　主演＝真田広之）でヒロインを演じ、日本アカデミー賞新人俳優賞受賞。その後、九六年に三浦友和主演テレビドラマ「はみだし弁護士・巽志郎」に出演している。「旅少女」主演記念で歌ったレコード「夢・人・旅」を八七年に発売した。

『リメインズ　美しき勇者たち』監督＝千葉真一　主演＝真田広之　一九九〇年　松竹

竹田かほり

Kaori Takeda

1958-

竹田かほりといえば、橋本治の『桃尻娘』の映画化で主演した女優だが、けっこういい映画ながら、観ていても観終わっても、竹田かほりが美人なのか、ないしかわいいのか、ということは頭の中で「?」のままである。戸川純にも、三浦瑠麗にも似ているようでもあるが、三浦は当時はいなかったし、竹田には三浦と比べるとあまり知的な感じはない。スレンダーな身体と小悪魔的な魅力で根強い人気を獲得していた。

たけだ かおり　東京都世田谷区出身。モデルとして活動した後、一九七七年『ピラニア軍団 ダボシャツの天』(監督＝山下耕作　主演＝川谷拓三)のヒロイン役で映画デビュー。七八年にっかつロマンポルノ『桃尻娘』シリーズの主演で人気を得る。映画『殺人遊戯』『俺達に墓はない』(共に主演＝松田優作)、『帰らざる日々』『十九歳の地図』『鉄騎兵、跳んだ』『スローなブギにしてくれ』『化石の荒野』などに出演。テレビドラマは「人形佐七捕物帳」「Gメン'75」「太陽にほえろ!」「ポーツマスの旗」などに出演。松田優作主演の人気テレビドラマ「探偵物語」のかほり役でも注目された。八二年、ロックミュージシャンの甲斐よしひろと結婚、出産し藝能界を引退。次女はシンガーソングライターの甲斐名都。

『ピンクヒップガール　桃尻娘』監督＝小原宏裕　一九七八年　日活／ハピネット　©1978日活株式会社

三浦瑠麗

Ruri Miura

1980-

存命の作家や学者は入れないという原則を破ってもいいと思わせる程度に藝能人的な存在が三浦瑠麗である。三浦瑠麗がアマゾンプライムのCMに出たといってネットが大騒ぎになったから、見てみたらちょっと姿が映っただけだった。私はてっきり「私もアマゾンプライムでいつも映画を観ています」とか台詞があるんだと思っていたから拍子抜けしたが、それほどに世の人々（といってもわりかし高学歴な男中心）は三浦瑠麗を気にしているのだ。

東大で政治学の博士号をとり、テレビによく出る論客で、正論新風賞を受賞しており保守だが、時おりなんとなくリベラルなことも言う学者であり、自伝では少女のころ誘拐強姦された過去を語ったりしていて、人々はその存在に心揺さぶられ、一挙手一投足が気になる、つまりまるで恋をしているような気分に近いものになっている。すでに女優の中に二人、三浦瑠麗に似ていると言われている人がいる。堀田真由と黒島結菜で、多分こちらの二人のほうが三浦瑠麗よりは美しいのだろうが、人々は三浦瑠麗が美人なのかそうでないのかが気になって仕方がないのだ。

みうら るり　神奈川県茅ヶ崎市出身。東京大学大学院法学政治学研究科総合法政専攻博士課程修了。法学博士。内政が外交に及ぼす影響の研究など、国際政治理論と比較政治が専門。日本学術振興会特別研究員、東京大学政策ビジョン研究センター講師などを経て、山猫総合研究所代表取締役。二〇一二年に初の単著『シビリアンの戦争―デモクラシーが攻撃的になるとき―』を刊行。テレビ朝日「朝まで生テレビ!」、フジテレビ「ワイドナショー」などに出演。実業家の夫との間に一女を儲ける。一九年に自叙伝『孤独の意味も、女であることの味わいも』を刊行。

『孤独の意味も、女であることの味わいも』著=三浦瑠麗　二〇一九年　新潮社

コンドリーザ・ライス

Condoleezza Rice
1954-

愛称コンディ、ジョージ・ブッシュ二世の政権で国務長官を務めた米国共和党の政治家で、黒人女性のトップエリートである。もっとも一般に美人と言われているわけではない。

黒人のハンサムというのは、映画『夜の大捜査線』(一九六七)にシドニー・ポワチエが出た時に日本人の目に広くとまったことで、私はテレビ放送で吹き替えで観ていて、ロッド・スタイガー演じる白人警察官からポワチエが「ハンサムさん」と揶揄《やゆ》をこめて呼びかけられるところで、あっ、これはハンサムなのか、と気づいた程度であった。もっともこの時ポワチエは四十歳で、一九五〇年の日本未公開映画『復讐鬼』では、差別に苦しむ黒人医師を演じている。だがこの映画でも、黒人を憎んでいる白人は、ポワチエがハンサムで人気があることに嫉妬していて、「お前は人気があるが、俺のことは誰も愛してくれない!」と叫ぶあたりが悲痛であった。

さて、私がコンディを美しいと思ったのは、二〇〇六年七月にクアラルンプールで開かれたASEAN拡大会議でピアノでブラームスを弾いた時の朝日新聞の写真を見てからのことである。「マレーシア伝統のバティック(ろうけつ染め)を使ったあでやかな深紅のワンピースと上着姿」とあり、上目づかいの表情が色っぽかった(二十八日夕刊)。

だからコンディにこそ、初の女性大統領になってほしかったのだが、共和党にそのつもりはないらしかった。

コンドリーザ・ライス　アメリカ・アラバマ州バーミングハム出身。父は長老派教会の牧師、母は音楽教師。名前の由来はイタリア語の音楽用語「コン・ドルチェッツァ con dolcezza」（甘美に柔らかく演奏する）。十五歳でデンバー大学入学。ピアニストになるクラスで学んだ後、ジョセフ・コーベルの国際政治入門クラスに参加。十九歳で政治学士号を取得、一九七五年にノートルダム大学で修士号を取得。七七年から国務省に勤務し、カーター政権下で教育文化省のインターンとなる。七九年にモスクワ大学でロシア語を学び、八一年にデンバー大学で政治学の博士号を取得。ジョージ・W・ブッシュ政権で国家安全保障問題担当大統領補佐官そして国務長官を、アフリカ系アメリカ人女性として初めて務める。『フォーブス』二〇〇五年版「世界最強の女性」で一位に選出。二〇〇九年、ブッシュ政権退任後はスタンフォード大学政治学教授としてフーヴァー研究所上級フェローに復帰し、現在は所長を務める。Dropbox、マケナ・キャピタル・マネジメントの取締役でもある。著書に『コンドリーザ・ライス自伝〜素晴らしいありふれた家族の物語』（訳＝中井京子　扶桑社）、『ライス回顧

録 ホワイトハウス激動の2920日』（訳＝福井昌子、波多野理彩子 集英社）
などがあり日本でも翻訳・刊行されている。

マレーシアのクアラルンプールで開催された、東南アジア諸国連合（ASEAN）閣僚会議の前夜祭でピアノ演奏を披露するライス米国務長官（二〇〇六年七月二七日） 写真：AP／アフロ

渡辺千萬子

Chimako Watanabe
1930-2019

渡辺千萬子は、谷崎潤一郎の『瘋癲《ふうてん》老人日記』（一九六二）の颯子のモデルで、谷崎の妻松子の息子の渡辺清治の妻だった人で、日本画家の橋本関雪の孫に当たる。

私は二〇〇六年にじかにお目にかかったことがあり、ある雰囲気はあったが、誰が見ても美人というのではない。しかし晩年の谷崎は千萬子に夢中であったことが、谷崎と千萬子の往復書簡からわかる。この往復書簡は、『瘋癲老人日記』より面白い。

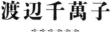

谷崎には、手近の女で間に合わせるという特技があり、はじめは最初の妻の妹、つまりナオミのモデルだった。最後が千萬子である。谷崎の女妄想力が強いから、千萬子を美しく才能のある女だと思って惚れ込めるわけである。しかし小説にもあるように、千萬子は宝石などをねだり、谷崎からカネをしぼりとった。松子がこれには怒って、とうとう老いた谷崎を問い詰め、千萬子とのやりとりをやめる、と誓わせた。だから最後のほうの千萬子からの手紙には、なぜお返事をくださらないのですか、と書いてある。

千萬子の娘がたをりで、たをりはのち演劇プロデューサーの高萩宏と結婚した。『祖父　谷崎潤一郎』（八〇）という本を出し、谷崎が赤ん坊のたをりをかわいがったのは事実だし、続柄でいっても義理の祖父ではあるのだが、当時存命だった松子は、たをりにとって谷崎は祖父じゃないだろうと怒っていた。
だが、谷崎家に莫大な出費を強いたのは松子の着物道楽で、谷崎没後もその著作権には借金がついて回った。

わたなべ　ちまこ　京都府出身。同志社大学文学部英文学科卒業。祖父は日本画家の橋本関雪。夫は谷崎潤一郎の三番目の妻・松子の前夫（根津清太郎）との間に生まれた長男。京都市左京区の哲学の道にアトリエ・ド・カフェという喫茶店も経営した。二〇〇一年、二百通に及ぶ谷崎潤一郎との往復書簡を公表。娘は渡辺たをり。娘の夫は東京芸術劇場副館長、多摩美術大学客員教授の高萩宏。

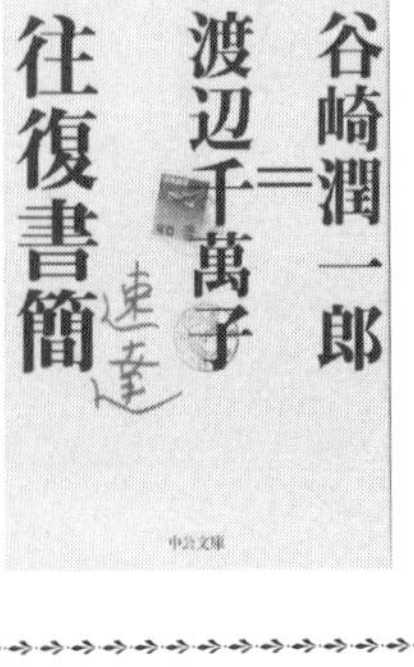

『谷崎潤一郎＝渡辺千萬子　往復書簡』著＝谷崎潤一郎、渡辺千萬子　二〇〇六年　中公文庫

ミハル・ラトキエ

Miharu Ratokie

宇宙世紀0062頃-0079

これは架空の人物で、「機動戦士ガンダム」に出てくる若い娘、十七歳くらいか。ホワイトベースがクリミア半島あたりに上陸した時、脱出したカイ・シデンが知り合った。戦災孤児で、ジオン軍のスパイ活動をして、幼い弟と妹を養っている。ホワイトベースへ戻るカイについてスパイとして潜入するが、カイの出撃について出て、命を落とす。ちょっと田舎のおねえさん風の顔だちで、一部に人気があり、『アニメック』の登場人物人気投票で一位になったことがある。

私は「東十条の女」という私小説で、ちょっとつきあった女性を『魔法使いサリー』のよっちゃんに似ている」と書いてしまったが、せめて「ミハル・ラトキエに似ている」としたら良かったかなあ、などと考えている。

ミハル・ラトキエ　テレビシリーズアニメ「機動戦士ガンダム」（一九七九）、第二十八話「大西洋、血に染めて」に登場。連邦軍ベルファスト基地の郊外に住む。幼い弟のジルと妹のミリーを養うために軍港で食料や雑貨を売りながら、連邦軍の情報を探るジオン軍にスパイ107号として雇われ、連邦軍の兵士に変装してホワイトベースに潜入する。声優を務めた間嶋里美は八五年に「ストップ!!ひばりくん！」で主人公の大空ひばりを演じ、耕作役の古谷徹（「ガンダム」のアムロ・レイ役）と知り合って結婚、一児を儲けた。サイドストーリーのコミック

『機動戦士Zガンダム デイアフタートゥモロー ―カイ・シデンのレポートより―』『機動戦士ガンダム THE ORIGIN』などにもミハルの思い出が描かれている。

『機動戦士ガンダム デイアフタートゥモロー カイ・シデンのメモリーより 2』著＝ことぶきつかさ
原作＝矢立 肇、富野由悠季著 角川書店 二〇一二年

長崎千賀

Chika Nagasaki
1970?-

私は一九九四年から五年間大阪に住んでいて、「探偵！ナイトスクープ」も熱心に観ていた。それ以前から関東でも放送されていたが、そのあと上岡龍太郎が局長（司会）を辞めてしまったため、あまり観るモチベーションがなくなり観なくなった。九七年一月に放送された「マネキンと結婚したい」で、主演女優賞を受賞したのが、イラストレーターの長崎千賀で、九七年一月に二十六歳だったから、七〇年生まれと推定した。ゴシック趣味に彩られた部屋に住んでいて、マネキンと結婚式はあげたがほどなく返却し、普通の男性と結婚したという。私は当時から、この長崎千賀をブス美的に美しいと思っていた。もっとも結婚式に来ていた親戚の女性に美人がいたから、美形の家系なんではないかと思う。

ながさき ちか　一九九七年一月放送「探偵！ナイトスクープ」の、恋したマネキンを間寛平が倉庫へ探しにいき、その一体を見つけ出すという内容に依頼者として登場。一九九九年に放送された番組二十周年グランドアカデミー大賞でも「超人大賞」の一つに選ばれた。DVD「探偵！ナイトスクープDVD Vol・2傑作選〜マネキンと結婚したい！編」に収録。

宮本百合子

Yuriko Miyamoto
1899-1951

近代日本最高の女性作家といえば、宮本百合子だと私は考えている。だが、私と宮本百合子の出会いは不純なものだった。中学生のころ、竹下景子さんが好きになった私は、九歳上の竹下さんと結婚したいと考え、女が九歳上の夫婦はないかと思って探して見つけたのが、宮本顕治と百合子だったのである。だが、ジャポニカ百科事典で宮本百合子の写真を見て私は愕然とした。すごく太っていて、頭の髪はまるで短髪に見え、美とはほど遠かった。

百合子ははじめ中条《ちゅうじょう》百合子の名で、十七歳の時に作家デビューした。父は建築家として知られた中条精一郎で、お嬢さんである。精一郎の父は、久米正雄の祖父とともに福島県郡山で開拓事業をした人であり、久米は子供のころから中条家とつきあいがあった。ユリは文学的才能に溢れた聡明な少女だったから、久米とも仲がよく、恋愛になりかけたこともあったのだが、久米はやはりいわゆる美人が好きで、ユリはそうではないからというので、恋愛は成立しなかった。

もっとも、少女のころのユリは、太ってもいなかったしそこそこかわいい感じではあった。だが、このユリがけっこう男にもてた。父とともに米国に留学すると、言語学者の荒木茂と恋におち、両親の反対を押して結婚、それから数年で別れ、同性愛的関係となった湯浅芳子と同棲していたが、そのあと二人でヨーロッパからソ連を旅行し、百合子は社会主義にかぶれて、帰国後、社会主義者の宮本顕治と結婚する。この間の事情がずっと私小説として書かれており、『伸子』『二つの庭』『道標』となる。ソ連旅行中には平貞蔵という思想家と出会うが、妻子のある平はしつこく百合子に求愛しているが、これは事実らしい。見た目はもう太っていわゆる美人ではなかったのだし、あれこれ考え合わせると、百合子というのは人柄においてものすごく魅力的な人だったのではないかと思う。夫の顕治が逮捕されて網走刑務所にいた間の往復書簡『十二年の手紙』というのもあるが、それを読んでもそうなんだろうなと思う。

みやもと ゆりこ　東京府東京市小石川区（現・東京都文京区）出身。三歳まで札幌で育ち、本郷区駒込（現・東京都文京区千駄木）に転居。一九一一年、東京女子師範学校附属高等女学校（現・お茶の水女子大学附属高等学校）に入学後、小説を書き始める。一六年、日本女子大学英文科予科に入学後、中条百合子の名で『貧しき人々の群』を『中央公論』に発表。天才少女として注目を集めた。大学を中退し一八年に、父と共にアメリカに遊学し、コロンビア大学の聴講生となる。そこで知り合った十五歳年上の古代東洋語研究者、荒木茂と一九年に結婚するが二四年に離婚。野上弥生子を介して知り合ったロシア文学者の湯浅芳子と同棲しながら『伸子』を発表。二七年から湯浅とソ連を旅行し、セルゲイ・

エイゼンシュテインらと親交を持つ。三〇年に帰国し、翌年に日本共産党に入党。三一年、文藝評論家で共産党員でもあった九歳年下の宮本顕治と結婚するが、三二年に顕治が検挙。百合子も何度も検挙され、三六年には懲役二年・執行猶予四年の判決を受ける。顕治は四四年に無期懲役の判決を受けるが、ＧＨＱにより四五年に十二年ぶりに出獄。夫と交わした約九〇〇通の書簡は没後『十二年の手紙』として刊行された。戦後、共産党の活動に取り組むが、五〇年に党内の混乱とレッドパージにより共産党の活動が制限される。晩年も執筆と党の活動を続け五〇年に『道標』を完結させ翌年に急死。五八年に顕治は共産党の書記長となる。

『宮本百合子集　筑摩現代文学体系』一九七九年　筑摩書房

天地真理

Mari Amachi
1951-

一九七一年にデビューしてから数年の天地真理の人気はすさまじいもので、主演番組がいくつも放送されていた。だが七五年くらいに突然姿を消し、二度くらい再デビューを試みたがうまくいかず、ロマンポルノに主演したりして、今はあまり見かけなくなった。

実は私は天地真理で一冊本を書こうと思っていたことがあるのだが、誰に訊いても、売れないだろう、と言われて断念した。

天地真理がデビューする時、所属事務所では二人の女性歌手をデビューさせたが、天地ではないほうにむしろ期待していたと言われ、当時から特別に美人というわけではないとされる天地には期待がなかったのだが、蓋を開けてみたら天地の圧倒的ブレイク（当時そういう言い方はしなかったが）となったのである。

私は当時小学校三年生だったが、天地真理は何となく気になる、好きな歌手ではあった。あとになって当時の動画を観ても、クラシック風の特徴的な歌い方はやっぱり好きだし、魅力的だと思う。本当にヒット曲といえるのは「水色の恋」「ひとりじゃないの」「虹をわたって」「若葉のささやき」「恋する夏の日」「想い出のセレナーデ」だけだが、「ひとりじゃないの」が特に天地真理独特の唱法が光っており、その手の振り付けとともに絶品であり、二番の「約束をしたなら」の「く」にアクセントがつくあたりが「ザ・天地真理」で、絶大な人気を誇ったのも当然だと思える。

だが、いったん人気がなくなってから、世間は天地真理に冷たかった。なんであぁ馬鹿にするために出演させるような番組が多かったのだろう。

演歌ではないアイドル系の歌手が人気を長持ちさせるのは難しい。山口百恵のように、結婚して引退するか、いしだあゆみのように女優に転じるのが一般的だが、天地にはどちらもできなかった。松田聖子のように、アイドル歌手として曲がりなりにも第一線を維持したのはかつてないことであった。

天地真理も、ツンとした鼻が特徴的で、その鼻ゆえに美人感が損なわれていると考えられているようだが、私はまたしてもこういう鼻がいいらしい（わかる人にしかわからないだろうが、「オスマン帝国外伝」のニギャールみたいな感じである）。

あまち まり　埼玉県大宮市（現・さいたま市）出身。国立音楽大学附属高等学校卒業。渡辺プロダクションに所属し、藝名は梶原一騎原作の劇画『朝日の恋人』から名付けられた。一九七一年にTBS「時間ですよ」に出演。番組挿入歌「水色の恋」でデビュー。冠番組が次々と作られ、「ちいさな恋」（作詞＝安井かずみ）、「ひとりじゃないの」（作詞＝小谷夏 ※久世光彦のペンネーム）、「虹をわたって」

などがオリコン第一位となる。ＮＨＫ紅白歌合戦には三回出場。七七年から体調不良で芸能活動を休業し、七九年に復帰。八五年、にっかつロマンポルノ『魔性の香り』（監督＝池田敏春）に主演。八六年に結婚、一女を儲ける（後に離婚）。映画『まんだら屋の良太』『お墓がない！』や、「笑っていいとも！」などに出演。その後もバラエティ番組やコンサートなどで活動。

「天地真理　BEST　HIT」二〇一三年　歌＝天地真理　©Sony Music Direct (Japan)Inc.

京マチ子

Machiko Kyo
1924-2019

京マチ子は大阪出身だが、藝名のせいで京都だと思われて、子供らが「京都生まれの京マチ子」という手まり歌を歌っていて、京マチ子びいきの谷崎潤一郎が、おいおい京マチ子は大阪だよ、と言ったことがあったという。

その谷崎原作の『春琴抄』の映画化『春琴物語』（伊藤大輔監督　一九五四）で春琴を演じたこともあり、ヴェネツィア国際映画祭金獅子賞の黒澤明監督『羅生門』（五〇）でも主演、のちにアメリカ人が「京マチ子は今でもきれいか」と言ったという話もあるが、一九七六年には『男はつらいよ　寅次郎純情詩集』で、五十二歳、最年長のマドンナを演じている。しかも作中で死んでしまうという、これまた唯一のマドンナである。

ところが、いったい京マチ子が美人なのかどうかについては議論があって、そもそも京マチ子の全体像はよく知られておらず、演じた中にはけっこう珍妙な役もある。特に『牝犬』（五一）では女詐欺師を演じ、いわばコメディエンヌの才能も発揮している。

もっとも、美人になるつもりならなれる、という顔だちの人なので、ある種ずるさもあるのだが、思われている以上に面白い女優なのである、京マチ子は。

きょう まちこ 大阪府大阪市出身。一九三六年に大阪松竹少女歌劇団に入団し活躍する。四四年、『天狗倒し』で映画デビュー。四九年に大映入社。五〇年に『羅生門』（監督＝黒澤明）がヴェネツィア国際映画祭金獅子賞、五三年に『雨月物語』（監督＝溝口健二）がヴェネツィア国際映画祭銀獅子賞、同年『地獄門』（監督＝衣笠貞之助）がカンヌ国際映画祭グランプリを受賞。五六年にはMGM映画『八月十五夜の茶屋』でマーロン・ブランドと共演。その後も『赤線地帯』（監督＝溝口健二）、『浮草』（監督＝小津安二郎）、『足にさわった女』（監督＝増村保造）、『ぼんち』（監督＝市川崑）、『他人の顔』（監督＝勅使河原宏）などに出演。必殺シリーズやNHK大河ドラマ「花の乱」「元禄繚乱」などテレビにも出演。

『有楽町であいましょう』監督＝島耕二　一九五八年　©KADOKAWA 1958

column 1

美人論・ブス論

井上章一さんの『美人論』が出たのは一九九一年三月だが、私はちょうどカナダ留学中だった。だがその一月に一時帰国して、この編集者である女性のAさんとお茶の水で会っており、出たのもすぐ送ってもらって読んだ気がする。井上さんのそれより前の『つくられた桂離宮神話』と同じ言説史の方法を用いたもので、面白くかつ影響も受けたが、言説史というのはいったんみなが始めてしまうとさほど面白いものは出てこなくなる。

それから十年ほどして、『鳩よ!』に連載されていたのが大塚ひかりさんの「ブス論」で、これは『太古、ブスは女神だった』として単行本になった。これは古典エッセイストである大塚さんが、日本の古典を調べて、古代においては「醜《しこ》」というのは強いという意味もあったといったことを論じたものだ。もっとも大塚さんに取材に来た人は、当の大塚さんが美人なので「ナーンダ」と思ったりしたらしい。

のち、管聡子という近世文学者が『不美人論』というのを出したが、早くに亡くなってしまった。

美人とかブスとかいうのは、書き手にも緊張を強いるもののようで、常見陽平の『ちょいブスの時代』(宝島社新書)は、最後のほうに一頁使って「まあ、私の奥さんは、美人なんですけどね。」と書いてあって、その余裕のなさには驚いた。もしかすると夫人から入れるよう言われたのかもしれないが。

アメリカ文学者の藤森かよこの『馬鹿ブス貧乏で生きるしかないあなたに愛をこめて書いたので読んでください』というのも、自分がバカでブスだなどと書いてあるが、藤森は比較的美人なくらいだし、大学名誉教授なんだからふざけるなというところだが、内容に割とヤバいところがあり、副島隆彦と親しかったり、N国から立候補した人の勧めで本を書いたりしている。

中村うさぎさんの『美人とは何か』は、巻末に私との対談が載っているのだが、この時はうさぎさんが四時間「ブスを救う方法はないか」と言い、私が「ない」と言い続けたものだった。もっとも上記の藤森が言うように、日本人はもっと整形手術に寛容であるべきだと思う。以前、結婚相談所へ行った時、うわあっというような顔の男を見てしまったが、あれは整形手術に保険を適用してもいいくらいだと思った。

もっともうさぎさんとの対談は割とかみ合わず、私が、ブスと結婚する気はないと言いつつ、自分がもてないのは顔のせいではないと言っているという理由でか怒る読者がいるのだが、私は大学生から二十五歳くらいまで、顔ではなくて中身のない、ないしはつまらない中身の人間だったのである。自分で思い出してもぞっとするくらい世間知らずで中途半端な秀才でしかなかった。

シャルロット・ゲンズブール

Charlotte Gainsbourg

1971-

シャーロット・ブロンテの『ジェイン・エア』(一八四七)のヒロインは、原作ではブスということになっているが、映画化に際しては美人女優がやることが多い。もっとも数が多く、中にはブス女優が演じたことが二度あるらしい。だが、シャルロット・ゲンズブールが演じた映画(一九九六)があって、これはどっちだ、ということになる。

出世作『なまいきシャルロット』(八五)では、家政婦相手の「男って美人じゃなくても惚れる？」「そりゃそうよ、びっくりするようなブスでも」という会話がある(なおこの映画では母親と妹に見えるのが、家政婦と近所の少女である)。この映画の時の十四歳のシャルロットは、成長すると美しくなるかもしれないと理性的には理解できても、この時点では私にはちっとも魅力的に見えなかった。

父はセルジュ・ゲンズブール、母はジェーン・バーキンという藝能人一家のお嬢さんで、『僕の妻はシャルロット・ゲンズブール』(二〇〇一)などという実話映画もある。顔が長くて顎がとがっており、まあ美人の部類なんだろうが、これもどちらかというとお嬢さん顔ということにでもなるのかもしれない。

シャルロット・ゲンズブール　イギリス・ロンドン出身。父はセルジュ・ゲンズブール、母はジェーン・バーキン。一九八四年『残火』でカトリーヌ・ドヌーヴの娘役を演じ映画デビュー。八六年に『なまいきシャルロット』でセザール賞の有望若手女優賞を受賞し人気を博す。同年、父の監督作『シャルロット・フォー・エヴァー』で父娘共演。父とのデュエット曲「レモン・インセスト」で歌手デビュー。『小さな泥棒』『ジェイン・エア』『フェリックスとローラ』『アイム・ノット・ゼア』『メランコリア』『ニンフォマニアック』など注目作に出演。二〇〇九年『アンチクライスト』でカンヌ国際映画祭女優賞受賞。歌手としても〇六年、ナイジェル・ゴッドリッチがプロデュースしたアルバム「5:55」がヒット。フランスの音楽チャートで第一位を獲得。私生活では俳優・映画監督のイヴァン・アタルとの間に二男一女を儲けた。イヴァンが監督し二人で主演した伝記的映画『僕の妻はシャルロット・ゲンズブール』(〇一)がフランスでヒットした。

『ジェイン・エア』監督=フランコ・ゼフィレッリ　一九九六年　ハピネット

ジェーン・フォンダ

Jane Fonda
1937-

ジェーン・フォンダは、名優ヘンリー・フォンダの娘で、俳優ピーター・フォンダの姉だが、特に美人というわけではないのに、どういうわけか色っぽいとされてきて、その一方ベトナム反戦運動などの左翼的な活動でも知られた。

しかしそのジェーンが確かに色っぽかったのが、フランスの漫画を原作とした映画『バーバレラ』（一九六八）で主演した時で、全体におふざけお色気映画なので、日本で人気があったかどうか知らないが、オープニングシーンの特殊撮影で、空中に浮いた状態で服を脱ぎ捨てていくように見える箇所が、もう一度見たくなる出来であった。

ジェーン・フォンダ　アメリカ・ニューヨーク州出身。父は俳優のヘンリー・フォンダ、母はカナダ人で弁護士・元オリンピック選手の富豪の未亡人だった。弟のピーター・フォンダも俳優、姪のブリジット・フォンダも女優で作曲家のダニー・エルフマンと結婚した。十二歳の時に母が自殺。ヴァッサー大学で学ぶが中退しモデルとして活動。『ヴォーグ』などの表紙に登場。一九五八年からリー・ストラスバーグに学び、舞台に出演。六〇年に『のっぽ物語』で映画デビュー。六五年に主演した『キャット・バルー』がヒット。同年に主演した『輪舞』（監督＝ロジェ・ヴァディム）でアメリカのセックスシンボルとなり、同年にヴァディムと結婚、一女を儲ける。ヴァディム監督『バーバレラ』（六八）はイギリスを中心にヒットし、後年も世界でカルト的な人気を得る。九三年には日本でも川勝正幸を案内人としてシネセゾン渋谷でリバイバル上映され、レイトショーとしては異例の九週間上映となる。七一年に『コールガール』でアカデミー賞主演女優賞を受賞するが、ベトナム戦争反対運動に取り組み数回逮捕。七三年に離婚し、政治活動家のトム・ヘイデンと結婚。一男を儲け、ブラックパンサーに所属した夫婦の娘を養子に迎える。ジャン＝リュック・ゴダール監督『万事快調』やジョセフ・ロージー監督『人形の家』などに出演するが不振が続いたあと、七七年のコメディ映画『おかしな泥棒 ディック＆ジェーン』でスターに復帰し、七八年に『帰郷』でアカデミー賞主演女優賞受賞。長年不仲だった父のため八一年に『黄昏』映画化権を取得し、ヘンリー・フォンダがアカデミー賞主演男優賞を受賞、翌年に父と死別。八二年には本人が出演するエアロビクスビデオを発売し、世界中で大ヒット。九〇年に離婚し、翌年にCNNの創業者でケーブルテレビチャンネル・映画制作会社経営者のテッド・ターナーと結婚するが〇一年に離婚。近年も映画では『ウエディング宣言』『幸せのルールはママが教えてくれた』『夜が明けるまで』『また、あなたとブッククラブで』に主演し、二〇一五年からNetflix最長ドラマシリーズ『グレイス＆フランキー』

に主演。長女のヴァネッサ・フォンダはドキュメンタリー監督、長男のトロイ・ギャリティは俳優となる。養女のメアリー・ルアナ・ウィリアムスは社会活動家、作家として活動。

『バーバレラ』監督＝ロジェ・ヴァディム　一九六八年　NBCユニバーサル・エンターテインメント

キャリー・フィッシャー

Carrie Fisher
1956-2016

断っておくが、私は『スター・ウォーズ』には関心がない。観てはいるのだがいかにもアメリカ的な大味さで、細かいことはよく知らないし興味もない。むしろ、レイア姫をやっているキャリー・フィッシャーが当初から、ブスだブスだと言われていたことばかりが印象に残っている。二作目が公開された時、私は大学一年だったが、「最初のレイア姫でさえ救い出す気にならなかったのに（さらに年をとったレイア姫なんか）」などと言われていた。実際観ても、まあ世評の通りだなと思った。母親が大女優だから親の七光りだとも言われたが、その「大女優」もさして知られた女優でないあたりが、何ともであった。

ところが、キャリー・フィッシャーが六十歳で急死してしまったあと製作された『ローグ・ワン』の最後に、コンピューター・グラフィックスで再構成されたレイアが登場するのだが、あれには奇妙な神々しさと美しさがあった。ブスだブスだと言われ続けた女優が、死んだあとでこんな姿を見せるとは、人生は残酷である。

キャリー・フィッシャー　アメリカ・カリフォルニア州ビバリーヒルズ出身。父は歌手のエディ・フィッシャー、母は女優のデビー・レイノルズ。一九七三年にブロードウェイで母が主演した「アイリーン」でデビュー。サラ・ローレンス大学に入学するが中退。七四年に『シャンプー』で映画デビュー。七七年、『スター・ウォーズ　エピソード4／新たなる希望』にレイア姫役で主演し注目される。その後『ブルース・ブラザーズ』『ハンナとその姉妹』『恋人たちの予感』などに出演。八七年に自伝的小説『崖っぷちからのはがき』を発表。自身で脚本を書き、映画『ハリウッドにくちづけ』（監督＝マイク・ニコルズ）として公開される。母役をシャーリー・マクレーン、自身をモデルとした娘役をメリル・ストリープが演じた。九一年から二〇〇五年まではスクリプトドクターとして活躍し『リーサル・ウエポン3』『ウェディングシンガー』などを手掛ける。〇六～〇七年、自伝的な戯曲『Wishful Drinking』を書き、舞台で演じるツアーを行う。〇八年に同名書籍を刊行し、朗読したオーディオブックでグラミー賞にノミネート。死の直前に発売した回想録『The Princess Diarist』（一六）のオーディオブックはグラミー賞受賞。一九八三年にポール・サイモンと結婚するが後に離婚。その後、ロサンゼルスカウンティ美術館やジョン・F・ケネディ舞台芸術センターの理事などを務めたブライアン・ロードとの間に娘（女優のビリー・ラード）を儲ける。『スターウォーズ』シリーズの『フォースの覚醒』（監督＝J・J・エイブラムス　二〇一五）で約三〇年ぶりにレイア役を演じた。生前に撮影されていた『最後のジェダイ』（一七）が遺作となる。一九年に公開されたシリーズ最終作『スカイウォーカーの夜明け』にも未使用シーンを利用して登場した。

『The Princess Diarist』著＝キャリー・フィッシャー　ナレーター＝キャリー・フィッシャー、ビリー・ラード　二〇一六年　Penguin Audio

クラウディア・マルサーニ

Claudia Marsani

1959-

私はヴィスコンティの映画は好きでないものも多いが、『家族の肖像』はとても好きで、変な話なのだが二十歳のころに観て、バート・ランカスターが演じる中年の教授（美術史家のマリオ・プラーツがモデル）に感情移入したことがある。

その中で、シルヴァーナ・マンガーノの娘として出て来るのがクラウディア・マルサーニで、全裸になって踊ったりするが、私はこの女優がけっこう好きだった。しかもこの映画は「イントロデューシング」つまりデビュー映画だったのだが、その後ぱっとせず、数年で映画界からは消えていった。当時まだ十五歳だったのだ。森下愛子みたいな感じがしたものだが。

クラウディア・マルサーニ　ケニア・ナイロビ出身。父はイタリアの外交官で、タイ、モロッコ、リビアなどで育つ。一九七四年に『家族の肖像』で映画デビューし高い評価を得る。その後、映画やテレビドラマに出演するが、二〇歳で芸能界を引退した。

『家族の肖像』監督＝ルキノ・ヴィスコンティ　一九七四年年　写真：Album／アフロ

小池栄子

Eiko Koike
1980-

今の若い人は、小池栄子が若いころどれほど軽く扱われていたか知らないのではないだろうか。十代の時に、巨乳タレントとして売り出したため、豊胸手術をしていると書かれて裁判を起こしそうになったり、それをとらえて、小池栄子には巨乳しか売りものがないのだと書かれたり、散々だった。

二〇〇二年に、宮部みゆきの『模倣犯』の映画に端役で出た時なども、頭の悪そうなブスな女という感じの役であった。

それが変わってきたのは、〇五年の大河ドラマ『義経』で巴御前を演じた時からで、私は、あれっ、結構ちゃんと演技もできるし頭のいい子なのでは、と思った。

「カンブリア宮殿」で村上龍のアシスタントになったのが翌〇六年で、〇八年に、万田邦敏の映画『接吻』に主演して、小池栄子ってこんな美人だったのか、と世間を驚倒させたので、この逆転劇はなかなか気持ちがいい（川上麻衣子にもちょっとそういうところがあった）。

なおこの『接吻』は、先ごろコロナで死んだキム・ギドクの『ブレス』（〇七）によく筋が似ていると言われている。

その後の小池栄子は、美しくて知的で演技派の女優で通っている。三谷幸喜の『記憶にございません！』（一九）なんて、小池栄子がいなかったら割と間の抜けた映画になっていたかもしれないと、観ながらほれぼれするばかりであった。

こいけ えいこ　東京都世田谷区出身。和洋九段高等学校卒業。イエローキャブの野田義治社長にスカウトされて芸能界に入り、グラビアで活躍。後に女優活動が中心となり、NHK連続テレビ小説「こころ」「瞳」「マッサン」、NHK大河ドラマ「義経」の巴役、「リーガル・ハイ」「スマイル」「母になる」「花咲くあした」などで高い評価を得る。二〇〇八年に映画『接吻』で主演し、ヨコハマ映画祭主演女優賞、毎日映画コンクール主演女優賞、高崎映画祭最優秀主演女優賞受賞。映画は『犬猫』（監督＝井口奈己）、『パーマネント野ばら』（監督＝吉田大八）、『人間失格』（監督＝荒戸源次郎）、『八日目の蝉』（監督＝成島出）、『北のカナリアたち』（監督＝阪本順治）、『空飛ぶタイヤ』（監督＝本木克英）、『SUNNY 強い気持ち・強い愛』（監督＝大根仁）、『記憶にございません！』（監督・脚本＝三谷幸喜）などにも出演。「子供の事情」「髑髏城の七人」など舞台にも出演し、「グッド・バイ」（脚本・演出＝ケラリーノ・サンドロヴィッチ　一五）での演技で読売演劇大賞最優秀女優賞受賞。「カンブリア宮殿」「PRIDE」「M-1グランプリ」「クレイジージャーニー」「爆笑問題の検索ちゃん」「あなたが主役50ボイス」「ネクスト 世界の人気番組」などの司会にも定評がある。〇七年にプロレスラーの坂田亘と結婚。二〇二二年のNHK大河ドラマ「鎌倉殿の13人」（脚本＝三谷幸喜）で北条政子を演じることが発表されている。

『小池の胸のうち がんばるの、やめてみます』著＝小池栄子　二〇〇七年　実業之日本社

江利チエミ

Chiemi Eri
1937-1982

江利チエミの全盛期を、私は知らない。私が大学へ入る少し前に、自宅で吐いた物を喉につまらせて死んだというニュースは衝撃的だった。まだ四十五歳であった。「三人娘」とうたわれた美空ひばりも五十二歳で死に、雪村いづみだけが残った。

ひばりと共演している『ひばり・チエミのおしどり千両笠』をまじまじと観たのだが、どうしても美人というわけではなかった。それでも、高倉健と結婚したのだからすごい。うちの母は若いころ、江利チエミは歌がうまい、と周囲に主張していたと言っていたが、確かに歌はうまい。

私は二〇〇〇年ころ、母がよく歌っていた「ウスクダラ」を聞きたくて、江利チエミが洋楽を歌ったCDを入手してよく聴いていたが、「カモナマイハウス」とか、英語の歌の発音がかなり良くて歌もうまくて感心したものだ。「ウスクダラ」は、トルコの町ユスキュダルを舞台とし、一九五三年にアーサー・キットが歌ってヒットした曲を、五四年に雪村いづみが「ウシュカ・ダラ」として、江利が「ウスクダラ」として歌って、江利のほうがヒットしたものである。その年、春日八郎の「お富さん」も流行していたが、当時の新聞記事を見ると、下品な流行歌を子供が意味も知らずに歌っていると批判する声が多かったとあり、ちょっと驚く。

かつて十作の『サザエさん』映画に主演したが、今では知る人も少なかろう。しかし『サザエさん』を連載漫画から国民的漫画にのし上げたのは、江利チエミなのである。

小林秀雄に「江利チエミの聲《こえ》」という短いエッセイがある。一九六二年に朝日新聞に載ったもので、江利チエミのファンだと言い、「江利チエミさんの歌で、一番関心してゐるのは、言葉の発音の正確である」と書いている。

藤原佑好による『江利チエミ　波乱の生涯　テネシー・ワルツが聴こえる』（のちに『江利チエミ物語　～テネシー・ワルツが聴こえる～』に改題）を読むと、ああ実に波乱の生涯だなあと思い、その早すぎる急な死に哀れを覚えるのであった。

えりちえみ　東京府東京市下谷区（現・東京都台東区下谷）出身。父はミュージシャン、母は東京少女歌劇出身の喜劇女優。一九四九年から生活のため進駐軍のキャンプ回りを始める。五二年にキングレコードから「テネシーワルツ」でレコードデビューし大ヒット。五三年、アメリカのキャピトル・レコードで録音。ヒットチャートに日本人で初めてランキングされる。『ジャンケン娘』（五五）を皮切りに、美空ひばり・雪村いづみとの三人娘の映画『ロマンス娘』『大当り三色娘』などが次々と公開。五六年から始まった主演映画『サザエさん』シリーズも大ヒット。「連想ゲーム」「象印クイズ ヒントでピント」などバラエティ番組でも人気を得た。五九年に俳優の高倉健と結婚し家庭に入るが六〇年に復帰、七一年に離婚。ミュージカル「マイ・フェア・レディ」（六三）の主演で藝術祭奨励賞、ゴールデン・アロー賞などを受賞。NHK紅白歌合戦に十六回出場した。

『江利チエミ物語 ～テネシー・ワルツが聴こえる～』著＝藤原 佑好 二〇〇六年 長崎出版

石井めぐみ

Megumi Ishii
1958-

石井めぐみさんは、早大教育学部卒という才色兼備枠のタレントだった。私が大学院生になった一九八七年に、市川森一と二人で、NHKの、古い番組を発掘する「ビデオギャラリー」という番組の司会をしていて、とても美しかった。「ひょっこりひょうたん島」を扱った時、市川森一が、「人気あったんだなあ、僕の（TBSで放送していた）『快獣ブースカ』を観ていた子はどこ行っちゃったんだろう」と言うと石井さんが「あっ、わたしブースカも好きだったんですよぉ」と言った。それがよくて私はすっかり石井さんに惚れ込んでしまったのである。

石井めぐみには、篠山紀信が撮ったヌード写真集もある（一九八二）が、ちょっとヌードは似合わない人だから、事故的にできてしまった写真集という気もするが、一応持ってはいる。その後、重度障害の子供を産んで、国立市議に当選した。がんばってほしいものである。

いしい めぐみ　東京都調布市出身。早稲田大学教育学部卒業。大学在学中に『夜叉ヶ池』（監督＝篠田正浩　一九七九）で女優デビュー。TBS「噂の刑事トミーとマツ」「だんなさまは18歳」、NHK大河ドラマ「おんな太閤記」「徳川家康」などに出演。フジテレビ「オレたちひょうきん族」のレギュラーなどバラエティ番組でも活躍。九〇年にテレビ局員と結婚し、二男を出産。九六年に障害を抱えて生まれた長男の成長を綴ったエッセイ『笑ってよ、ゆっぴい』を上梓。九九年に長男が死去、二〇〇〇年に離婚。一五年に国立市議会議員に初当選し、現在二期目。

『笑ってよ、ゆっぴい』著＝石井めぐみ　一九九六年　フジテレビ出版

榊原郁恵

Ikue Sakakibara
1959-

榊原郁恵がデビューした一九七七年、私は中学三年生だったが、ちょっと驚いた。いわゆる美人とはいえないし、ショートカットで男ではないかとすら思った。しかし人気は上昇していった。栗原裕一郎は、榊原郁恵は革命だったと言っているが、その後に続いたかどうかはともかく、私は人気に納得できず、かなりモヤモヤしていた。私の母は、決して率先して人の悪口を言うような人ではなかったが、「この子、胸が大きいってだけで人気があるのよ」などと言っていたのは、母らしからぬことであった。

確かに、周囲を明るくする人ではあったから、それはそれで一つの才能であろう、という気はした。その後に長く「ピーター・パン」の主演を務めたのは、やっぱり男の子的タレントではあったのだろうが、それはそれで一つの才能であったには違いなかろう。

さかきばら　いくえ　神奈川県川崎市出身。神奈川県立厚木東高校を経て堀越高等学校卒業。高校二年の時に、第1回ホリプロタレントスカウトキャラバンで優勝。山口百恵主演映画『春琴抄』（一九七六）の脇役でデビュー。翌年に「私の先生」で歌手デビュー。「アル・パシーノ＋アラン・ドロン＜あなた」「夏のお嬢さん」「いとしのロビン・フッドさま」「ＲＯＢＯＴ」などが話題となる。

NHK紅白歌合戦には六回出場。八一年にホリプロが初めて手掛けたミュージカル「ピーター・パン」で主演し、ゴールデン・アロー賞演劇賞、大賞受賞。俳優の渡辺徹と結婚した八七年まで主演し続けた。テレビドラマ「ナッキーはつむじ風」「婦警さんは魔女」「風の中のあいつ」「気になるあいつ」などで人気を得る。「レッツゴーヤング」「紅白歌のベストテン」「郁恵・井森のお料理BAN!BAN!」などバラエティ番組でも活躍。二男を儲け、長男は俳優の渡辺裕太。

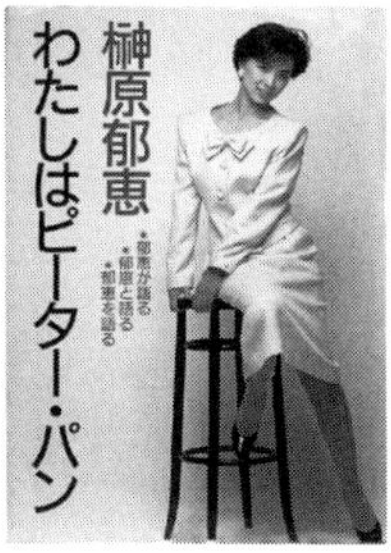

『わたしはピーター・パン』著＝榊原郁恵　一九八七年　婦人画報社

石田えり

Eri Ishida
1960-

私が石田えりを初めて観たのは、立松和平原作の映画『遠雷』（一九八一）で、デビュー作『翼は心につけて』も、「ウルトラマン80」も観てはいなかった（私はウルトラ・マニアだが、さすがにこの当時は、ウルトラマンでもなかった）。最初は特に美人とは思わず、いきなり裸になるから、ああ胸が大きいのか、と思ったが、見ているとだんだん魅力的に見えて来た。

あとで「ウルトラマン80」を観ると、最初は浅野真弓がヒロイン役で出ていて、私は「タイムトラベラー」の島田淳子が改名した浅野真弓が好きなので、城野エミ隊員役の石田えりはパッとしない脇役だったが、浅野真弓が出なくなるとだんだん存在感を増していくのが「実力派」を感じさせた。

その後の活躍は知っての通りで、吉永小百合が与謝野晶子を演じた映画『華の乱』では、一場面だけ伊藤野枝役で出てくるが、あまりにはまり役なので、以後私は伊藤野枝というと石田えりの顔を想像するようになってしまったくらいである。やはり藝能人の才能は容貌だけじゃないんだなという当たり前のことに気づかさせる女優である。

いしだ えり　熊本県八代市出身。一九七八年に『翼は心につけて』（監督＝堀川弘通）で映画デビュー。「ウルトラマン80」にレギュラー出演。八一年『遠雷』（監督＝根岸吉太郎）で日本アカデミー賞新人俳優賞、報知映画賞新人賞受賞。八九年に『嵐が丘』（監督＝吉田喜重）、『ダウンタウン・ヒーローズ』（監督＝山田洋次）、『華の乱』（監督＝深作欣二）で日本アカデミー賞最優秀助演女優賞、報知映画賞助演女優賞受賞。九一年に『飛ぶ夢をしばらく見ない』『釣りバカ日誌2』で日本アカデミー賞最優秀助演女優賞受賞。テレビでも「波の盆」「昨日、悲別で」（脚本＝倉本聰）、「時にはいっしょに」（脚本＝山田太一）、NHK大河ドラマ「徳川家康」「翔ぶが如く」、NHK「國語元年」（作＝井上ひさし）などに出演。八五年にミュージシャンの芳野藤丸と結婚、九〇年に離婚。佐藤奈々子、ヘルムート・ニュートン、篠山紀信、ピーター・リンドバーグが撮影した写真集を発売している。。

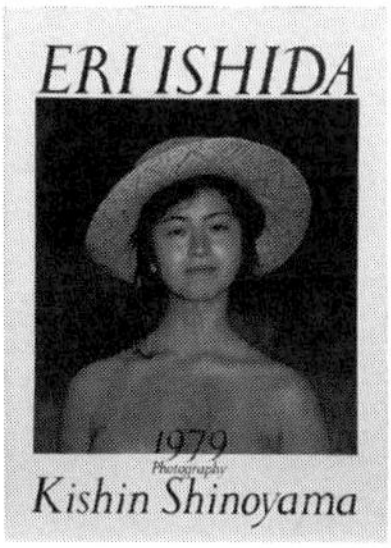

『石田えり写真集 1979＋NOW』撮影＝篠山紀信 一九九七年 小学館

中島ひろ子

Hiroko Nakajima

1971-

吉田秋生《あきみ》原作・中原俊《しゅん》監督の映画『櫻の園』（一九九〇）で主演した女優である。演劇部の部長役で、白島靖代演じる美人の部員に恋をしているレズビアンという設定で、本人はやや不美人だが、中島ひろ子の恋心やつみきみほの存在が大きくこの映画の成功に貢献した。

のちに中原はこの映画をリメイクしたが、まったく前作に及ばない出来で、啞《あ》然《ぜん》としたほどである。やはりあの映画は、中島、白島、つみきといった女優たちの奇蹟的な結合によって生まれたものだったのだろう。

白島はその後「ウルトラマンネオス」（二〇〇〇）などで目にすることはあり、つみきも当時は少年風美少女として一世を風靡《ふうび》したが、その後は目立った作品はない。中島もその後は、出てはいるがこの作を超えたことはないように思う。しかし人は、超えられない作品というのを作ってしまうことや出演してしまうことがあるのだ。

なかじま ひろこ　東京都出身。一九八九年、長渕剛主演、黒土三男監督『オルゴール』でデビュー。九〇年、『櫻の園』に出演し注目される。九四年、ギャラクシー賞テレビ部門大賞を受賞したＮＨＫドラマ「雪」に主演。「北の国から2002遺言」「風のガーデン」「半沢直樹」「アシガール」「過保護のカホコ」

などのテレビドラマに出演。映画は『橋のない川』『ナチュラル・ウーマン』『美しい夏キリシマ』『リップヴァンウィンクルの花嫁』などに出演している。

『櫻の園』監督＝中原俊　一九九〇年　オデッサ・エンタテインメント　©アルゴ・ピクチャーズ

長谷川町子

Machiko Hasegawa
1920-1992

「サザエさん」の作者として広く知られた長谷川町子が、人物としてどういう人かということは、一九七八年から朝日新聞で日曜に連載された「サザエさんうちあけ話」と、これを原作とした七九年上半期の朝ドラ「マー姉ちゃん」で知られたのだが、それは「裕福な家の人」ということにほかならなかった。

何しろ、伯父は鹿児島の市長だったとか、妹が東大卒の人と結婚したとか、母が箱根の別荘を買ってきたとかそういう話がひょいひょいと当然のごとくに出て来るので、ああそういう家なんだと思ったものである。

ただし、といっても「華族」ではないから、「上流階級」ではなく、アッパーミドルクラスなのである。七九年というのは、皮肉にも、日本人の八〇パーセントが自分を「中流」だと思っているという意識調査の結果が出た年であった。

なお「うちあけ話」の中で、長谷川町子の愛読書として荷風の『濹東綺譚』の絵が描かれていたことがあり、ああいうものを女性でも好きになるのかと意外に思ったことがある。

私は子供のころ「サザエさん」を読んでいろいろ社会勉強をしたこともあるし、やはり偉大な国民的漫画であることは確かだと思う。

はせがわ まちこ　佐賀県多久市出身。福岡県福岡市で育つ。一九三四年、三菱炭坑の技師だった父の死をきっかけに一家で上京し、山脇高等女学校に転校。在学中に田河水泡に師事し三五年に雑誌『少女倶楽部』でデビュー。戦争が始まると福岡に疎開し西日本新聞社に校閲係として勤務。戦後、四六年に夕刊フクニチで「サザエさん」連載開始。四七年、連載を打ち切って一家で上京後に連載再開、複数の地方紙に同時掲載される。姉と共に姉妹社を設立し、『サザエさん』第一巻を刊行。四九年には「サザエさん」の連載を夕刊朝日新聞に移籍、五一年からは朝日新聞朝刊に移籍（七四年に休載のまま終了）。六六年「いじわるばあさん」連載開始。七八年に連載開始した「サザエさんうちあけ話」が、七九年にNHK連続テレビ小説「マー姉ちゃん」としてドラマ化。八二年に紫綬褒章受章、九〇年に勲四等宝冠章受章。死後に国民栄誉賞が贈られた。

『サザエさんうちあけ話』著＝長谷川町子　二〇一六年　朝日新聞出版

岸田今日子

Kyoko Kishida
1930-2006

岸田今日子を、失礼ながら私は何だか気持ちの悪い女優だと思っていた。姉の詩人・岸田衿子は、アニメ「アルプスの少女ハイジ」の主題歌の作詞でも知られ、大江健三郎の『個人的な体験』（一九六四）の火見子のモデルだと私は認識しているが、はっきりとした顔写真を見たことがないし、雑誌などで特集されたこともない。

岸田今日子は、若いころ、安部公房原作の映画『砂の女』（六四）に主演して、ヌードになっている。私には『砂の女』は、結婚生活の比喩としか思えないが、ここでの岸田今日子も気持ち悪かった。だが、三代目の三遊亭金馬（一八九四―一九六四）の録音を聴いていたら、この映画『砂の女』について話していて、「あの岸田今日子ってえスケベったらしいのが」と言っているから、ああ、あれはスケベったらしく見えるものだったのか、と思った。スケベったらしい、というからには、気持ち悪い、よりはいくらか女味が増しているわけで、そう見えていたんだな、と思ったのであった。

きしだ きょうこ　東京府多摩郡（現・東京都杉並区）出身。父は劇作家で文学座創設者の一人である岸田國士、母は児童文学翻訳者の岸田秋子、姉は詩人・童話作家の岸田衿子。岸田森は従弟。自由学園高等学校卒業。文学座附属演技研究所に入所し、一九五〇年に「キティ颱風」で初舞台。六〇年に「サロメ」（演出＝三島由紀夫）で主演、「陽気な幽霊」でテアトロン賞受賞。五四年に俳優の仲谷昇と結婚、一女を儲けるが離婚。六三年、文学座を退団し劇団「雲」の創立に参加。七五年、演劇集団「円」結成に参加。晩年まで舞台に出演。五三年に『にごりえ』（監督＝今井正）で映画デビュー。『破戒』（監督＝市川崑　六二）で毎日映画コンクール助演女優賞、『砂の女』（監督＝勅使河原宏　六四）でブルーリボン助演女優賞受賞。そのほか『黒い十人の女』『秋刀魚の味』『卍』『他人の顔』『忍びの者』『海と毒薬』などに出演。テレビではアニメ「ムーミン」のムーミン役の他、「男嫌い」「傷だらけの天使」「前略おふくろ様」「あ・うん」「HR」「相棒」などに出演。「とんねるずのみなさんのおかげです」「ダウンタウンのごっつええ感じ」などバラエティ番組にも出演。

『あかり合わせがはじまる』著＝岸田今日子　二〇一二年　日本図書センター

戸川純

Jun Togawa

1961-

大学時代、私はもっぱらクラシック派で、あまりポピュラー音楽を熱心に聴くことはなかった。松任谷由実の曲を知らないと言って同級生に呆れられたこともある。その私がクラシック以外で唯一熱心に聴いていたのは戸川純である。サークルの後輩に教えられてLP「玉姫様」（一九八四）を買ってきてかなり好きになり、シングル「レーダーマン」とか、その後の「極東慰安唱歌」（八五）とか「好き好き大好き」あたりまでずっと聴いていた。戸川純はちょっとしたインテリで、これらの歌の歌詞は自分で書いているし、「レーダーマン」は戸川の作詞ではないが、ニューアカ・オタクが交じり合った私らバカな男子大学生への痛烈な風刺になっていて、実に気分が良かった。一般に戸川純は変わっていると思われていて、まあ実際そうなのだが、妹の戸川京子（六四―二〇〇二）は、自殺してしまったが美人で、『愛と誠』の映画で子供時代の愛を演じているし、私は『ガラスの仮面』の、速水真澄の秘書・水城冴子役が好きだった。

だから戸川純も、美的なものがあるんじゃないかと思うのだが、女優としてもわりあい上手い方であった。

とがわ じゅん　東京都新宿区出身。関東学院大学文学部中退。劇団ひまわりに入団し、小学五年生で新国劇「王将」の辰巳柳太郎の娘役でデビュー。

テレビドラマ「想い出づくり。」「刑事ヨロシク」に出演。渋谷の喫茶店NYLON100%でのライブ活動をきっかけに、上野耕路と太田螢一とのユニット「ゲルニカ」のボーカルとしてデビューし、ヤプーズなどでも音楽活動を行う。八五年にはNHKみんなのうた「ラジャ・マハラジャー」を歌い話題となる。ヤマハエレクトーン、TOTOのCMでも人気を博す。「笑っていいとも!」「ライオンのごきげんよう」、映画は『家族ゲーム』、『男はつらいよ』『釣りバカ日誌』シリーズなどに出演。「真夏の夜の夢」(演出=木野花)、「三人姉妹」(演出=蜷川幸雄)、「すべての犬は天国へ行く」(演出=ケラリーノ・サンドロヴィッチ)など舞台にも出演した。

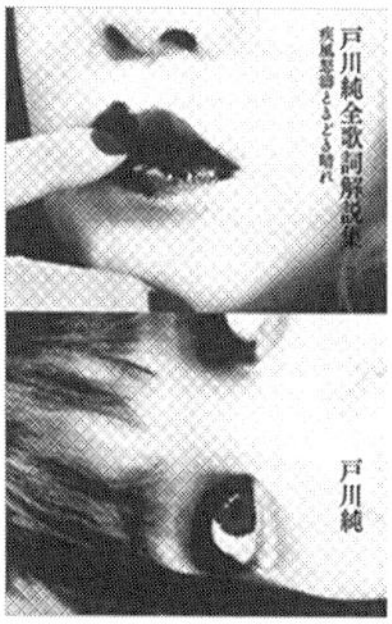

『新装増補版 戸川純全歌詞解説集——疾風怒濤ときどき晴れ』著=戸川純 二〇二〇年 Pヴァイン

エル・ファニング

Elle Fanning
1998-

エル・ファニングの姉はダコタ・ファニングで、姉のほうは美人だが妹はそうではない、と言う人がいる。しかし妹は『メアリーの総て』という邦題の映画でメアリー・シェリーを演じていて、私は結構好きだった。これも「鼻ツン」女優で、私の好きなタイプということになろうか。
福山雅治と結婚した吹石一恵（一九八二—）も、NHK大河ドラマ「平清盛」で清盛の母を短期間演じてちょっとだけ出演していた。これもわりあいいい感じだったが、こちらも「鼻ツン」で美人じゃないとその人は言う。考えたら、ファニングも吹石も野球選手の娘であった。

エル・ファニング　アメリカ・ジョージア州コンヤーズ出身。姉は女優のダコタ・ファニング。父はセントルイス・カージナルスのマイナーリーグに所属していた元野球選手で現在は電子機器のセールスマン、母は元テニス選手。母方の祖父はフィラデルフィア・イーグルスに所属した元アメフト選手、リック・アリントン。『アイ・アム・サム』で実姉演じるルーシーの幼少期役を演じ二歳で映画デビュー。二〇〇四年、アメリカ版『となりのトトロ』でメイの声を演じる。『バベル』『ベンジャミン・バトン 数奇な人生』などに出演後、一〇年の『SOMEWHERE』（監督＝ソフィア・コッポラ）、一一年の『SUPER8／スーパーエイト』（監督＝J・J・エイブラムス）で人気を得る。その他『Virginia／ヴァージニア』『マレフィセント』『トランボ　ハリウッドに最も嫌われた男』『ネオン・デーモン』『20センチュリー・ウーマン』『メアリーの総て』などで高評価を得る。

「Elle Fanning Notebook」著＝Blake Dv　二〇一七年　Createspace Independent Pub

神楽坂恵

Megumi Kagurazaka
1981-

神楽坂恵は、今は園子温夫人で、出産もしている。それより前に、私の小説『童貞放浪記』の、小沼雄一監督による映画化（二〇〇九）でヒロインを演じていて、私も会ったことがあるので、親近感は持っている。『童貞放浪記』は私小説なので、そこで主人公とからむ神楽坂さんは、よけい他人とは思えないところがある。さらに現実における相手の女性はそれほど美人ではなくて、神楽坂恵のほうが美人であり、かつもちろんあんな巨乳ではなかった。

だから、一般にはさほど美人ではないのかもしれないが、私は水増しして見たくなるのであり、ほぼ神楽坂のひとり舞台に近かった映画『ひそひそ星』（一六）なんかも、私はわりあい好きなのである。

特に眼鏡やサングラスをかけた姿は美しい。

かぐらざか めぐみ　岡山県出身。二〇〇四年にグラビアアイドルとしてデビュー。〇七年『遠くの空に消えた』（監督＝行定勲）で映画デビュー。『童貞放浪記』（監督＝小沼雄一）でヒロインを演じ、一〇年の『冷たい熱帯魚』（監督＝園子温）で注目される。『恋の罪』『ヒミズ』『希望の国』『地獄でなぜ悪い』『ひそひそ星』など園子温監督作品に出演。一一年に園子温と結婚、一女を儲ける。シオンプロダクションの社長も務める。

『童貞放浪記より「神楽坂恵——決心」』監督＝河村永徳　二〇〇九年　SEIWA FIlMS　©誠和企画

column 2

女性の伝記

本文中でも触れた伊藤野枝の伝記小説として瀬戸内寂聴『美は乱調にあり』『諧調は偽りなり』があり、大逆事件の管野スガを描いた『遠い声』、虎の門事件の金子文子を描いた『余白の春』がある。瀬戸内の自伝小説として『いずこより』もいい。

宮尾登美子にも伝記小説は多く、上村松園を描いた『序の舞』、直木賞受賞の『一絃の琴』、團十郎夫人を描いた『きのね』などが白眉で、宮尾自身の実家を描いた『櫂』もある。

吉村昭の『ふぉん・しいほるとの娘』は、楠本イネを描いたものだ。あと本文で触れた戸田房子の『詩人の妻 生田花世』は名作だし、大原富枝の『草を褥に　小説牧野富太郎』は牧野の妻、寿恵子のことも書いてある。

大河ドラマ「おんな城主直虎」の主人公・井伊直虎には男説もあるが、梓澤要という女性作家による『女にこそあれ次郎法師』という歴史小説がある。ドラマと違いあまり脚色がないので読むといいだろう。

これも大河ドラマ「篤姫」の原作となった宮尾登美子の『天璋院篤姫』もあり、実際は宮崎あおいのような美女ではなかったが、読むと面白い。井伊直弼の愛人とされた村山たかを描いた諸田玲子『奸婦にあらず』もいい。

日本で最初の女医は、楠本イネという説もあるし、明治時代に三人くらい候補があるが、その一人である荻野吟子を描いた渡辺淳一の『花埋み』もいい。ただしここに描かれている森有礼の醜聞は、私は調べたが事実かどうかはちょっと微妙なところだ。

また山崎豊子の直木賞受賞作『花のれん』は、吉本興業を興した吉本せいの伝記小説として見事な出来である。ただし私は吉本興業が好きではないので、ちょっとここは腰が引ける。

梅沢富美男

Tomio Umezawa
1950-

「下町の玉三郎」として梅沢富美男が知られるようになったのは八〇年ごろだが、素顔が普通のおじさんで、化粧をすると美しくなるということも話題になり、ドラマ「淋しいのはお前だけじゃない」（一九八二）では、素顔と化粧顔の対照も見せていた。本物の玉三郎は素顔も美しいから、これは化粧の謎である。ぼってりした下あごがポイントかと思うが、梅沢のような目の化粧は歌舞伎ではそもそもできないから、これは歌舞伎の女形にはそのまま応用はできない。

それにしても、梅沢のように素顔と化粧した顔とで違うという例は歌舞伎でもまず見ないから、これは特殊な例なのかもしれない。女でも、化粧しているから美しいが素顔はそうではない、というようなことはあるようだが、実際に付き合うのでもない限りあまりそんなことは考えなくてもいいだろう。

うめざわ とみお　福島県福島市出身。父は梅沢劇団を創設した大衆演劇のスター役者。母は娘歌舞伎出身の竹沢龍千代。一歳で初舞台を踏む。一九六三年、兄が父から一座を継ぐ。舞踊ショーの女形姿が「下町の玉三郎」と呼ばれて人気を博し、副座長として劇団を支えた。八二年、「淋しいのはお前だけじゃない」に出演し人気を得る。同年「夢芝居」（作詞・作曲＝小椋佳）が大ヒットし、翌年のNHK紅白歌合戦に出演。二〇一二年に梅沢劇団の座長となる。近年は「情

熱ライブ　ミヤネ屋」「ヒルナンデス！」「バラいろダンディ」「プレバト!!」「スイッチ！」などワイドショーのコメンテイターでも活躍。梅沢劇団は御園座、新歌舞伎座、各地のホールで公演を行っている。植物療法士の妻との間に二女を儲けた。

「白神恋唄／夢芝居」歌＝梅沢富美男　二〇一二年　徳間ジャパンコミュニケーションズ

増田恵子
（ピンク・レディー）

Keiko Masuda
1957-

一九七六年ころから八一年まで一世を風靡した二人組の歌手がピンク・レディーで、今見るといかにも古くさい、娼婦みたいな恰好で踊って歌っているように見えるだろうが、「カルメン'77」とか「サウスポー」とか「UFO」は、大人から子供まで、子供など意味もわからずに歌っていた。まだあらゆる世代が同じ歌を歌う最後の時代の歌手がピンク・レディーだったのである。

ミーとケイの二人組で、当時からミーのほうが美人だと言われることが多く、ケイは田舎娘みたいだ泥臭いという意見もあった。実際にピンク・レディーらしさを形成していたのはケイのほうであると私には思われ、解散後は増田恵子として、一度だけ中島みゆき作の「すずめ」を単独で歌ったほかは女優をしているが、何だか薄幸な女を演じると味わいがある。大林宣彦の『ふたり』（九一）で、岸部一徳の浮気相手を演じたのが印象に残っている。なお増田恵子の主演映画『コードネームKレディ・コネクション』（九二）があるが、未見。

ますだ けいこ　静岡県静岡市出身。常葉大学附属常葉高等学校卒業。一九七六年、日本テレビ「スター誕生!」に合格し、同年ピンク・レディーのケイとして「ペッパー警部」でデビュー。「S・O・S」「カルメン'77」「渚のシンドバッド」などヒットを連発した後、アメリカに進出。「Kiss In The Dark」がビルボード三十七位を記録し、冠番組を持つに至ったが、帰国後の八一年にピンク・レディーは解散。増田恵子としてソロデビューした「すずめ」（作詞・作曲＝中島みゆき）がヒット。女優としてテレビドラマ「時間ですよ ふたたび」（演出＝久世光彦）、「ゼロの焦点」（脚本＝新藤兼人）、「木更津キャッツアイ」（脚本＝宮藤官九郎）などに出演。二〇〇二年、音響プロデューサーと結婚。ピンク・レディーはたびたび再結成しステージに立っている。

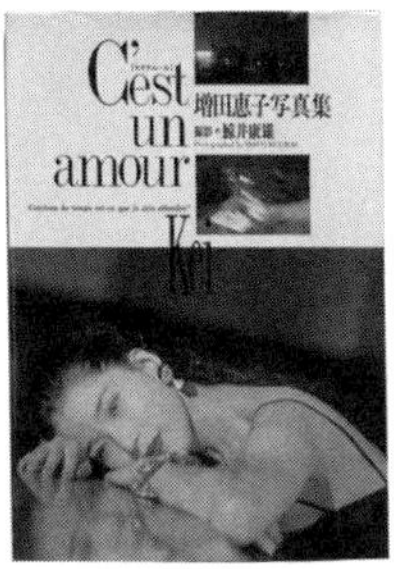

『セタナムール─増田恵子写真集』撮影＝鯨井康雄　一九九〇年　ワニブックス

佐伯伽耶

Kaya Saeki

1968-

私が佐伯伽耶を知ったのは、一九九六年から始まった、安達祐美が主演する「ガラスの仮面」で、大都芸能の速水真澄の婚約者・鷹宮紫織を演じた時ではなかったかと思う。佐伯は九四年に歌手デビューしており、ジャズ風の歌やジャズのナンバーを歌う、色っぽい歌手という風だったが、よく見ると特に美人ではないものの、場合によっては美人にも見えるという歌手だった。

「ガラスの仮面」では、田辺誠一の演じる速水真澄が、おチビちゃんの北島マヤに密かに紫のバラを贈っているのを知ってやきもきし、マヤを邪魔したりする悪役で、とうとう最後には思い余って真澄を刺してしまうという、まだ原作にもない場面を演じることになったのだが、それが九九年のことで、それから以後、テレビなどで姿を見せることもなくなった。

何だか影の薄い人で、それだけに鷹宮紫織というのははまり役だったのだが、逆にこんな役を当ててしまう藝能界の残酷さということも思わせるのであった。

さえき かや　神奈川県横浜市出身。アルバイトでピアノの弾き語りをしていたところイザワオフィスにスカウトされて一九九二年に藝能界に入る。九四年に「パヒュームを残せない」(作詞＝秋元康　作曲＝上田知華)で歌手デビュー。「ドリフ大爆笑」などに出演するほか、「佐伯伽耶のゴールド・パスポート」「佐伯伽耶の音楽旅行」などの冠番組もあった。

「パヒュームを残せない」歌＝佐伯伽耶　一九九四年　ポニー・キャニオン

佐伯日菜子

Hinako Saeki
1977-

私は佐伯日菜子も、「ガラスの仮面」で初めて観た。ということは、大江健三郎原作の『静かな生活』（一九九五）を観ていなかったのだが、当時私は大江から気持ちが離れていたのである。

「ガラかめ」では、乙部のりえという、北島マヤの付き人をしながら陰謀でマヤを役から降ろし、自分がのしあがってしまう悪役をやっていて、のしあがってからも別に美人に見えなかったから、この子、これからどういう役をやるんだろう、と思っていたところ、ＮＨＫのクラシック番組にゲストとして、美人女優として出た時に驚いたということは前にも書いたが、その後『静かな生活』を観て、その独特の魅力的なたたずまいに魅せられたのであった。

とはいえ、やっぱり変わった顔立ちであるのは否めず、ホラー映画の女王などと言われていたのは、もう一人私の好きな佐藤康恵に等しい。まあ、美とホラーは紙一重なところがあるから……。

さえき ひなこ　奈良県大和郡山市出身。一九九四年『毎日が夏休み』（監督＝金子修介）で女優デビュー、日本アカデミー賞新人賞、山路ふみ子新人女優賞などを受賞。翌年『静かな生活』（監督＝伊丹十三）主演。映画では『エコエコアザラクⅢ MISA THE DARK ANGEL』主演、『らせん』の貞子役、『うずまき』（原作

＝伊藤潤二）の怪奇現象が起きる女子高生などを演じた。二〇〇二年にサッカー選手の奥大介と結婚（二〇一三年に離婚）。二女を儲ける。長女は女優の成海花音。映画『ギプス』『約束』『ゴジラ・モスラ・キングギドラ 大怪獣総攻撃』『真・女立喰師列伝』より「ASSAULT GIRL／ケンタッキーの日菜子」、テレビドラマ「アナザヘヴン～eclipse～」「ＴＲＩＣＫ」「ウルトラマンＸ」「ワカコ酒２」など多数の作品に出演。

「『エコエコアザラク』ザ・ウィスパー・オブ・ディスティニィ～運命の囁き」ＴＶサントラ　一九九七年
イーストウエスト・ジャパン

三輝みきこ

Mikiko Miki
1961-

一般にはあまり知られていないだろうが、女優である。そして一般に知られているのは、スーパー戦隊シリーズ「鳥人戦隊ジェットマン」(一九九一―九二)の長官役である。そして「ジェットマン」を知っている人は、そのヒロインの、お嬢様でホワイトスワンに変身する鹿鳴館香を演じた岸田里佳がたいていは好きなのである。私も三年ほど前、この岸田里佳目当てで「ジェットマン」を観たのだが、オープニングで軍隊式敬礼をする三輝みきこの姿が美しかった。もともとは舞台女優である。

しかし本編で見ていると、もちろん美しいのだが、ちょっと顔が長くて顎がとがっている。歳より老けて見える時もある。だがこの恋愛ドラマみたいな戦隊もの作品においては、三輝みきこの美がまた不可欠でもあり、画竜点睛《がりょうてんせい》であったとの思いもあるのである。

みき みきこ　東京都出身。東邦音楽大学附属東邦高等学校卒業。劇団青年座所属。NHK「中学生日記」、テレビ朝日「鳥人戦隊ジェットマン」、TBS「天国に一番近い男」などに出演。映画『植村直己物語』『ドン松五郎の大冒険』『釣りバカ日誌』などに出演。

『スーパー戦隊 Official Mook 20世紀 1991 鳥人戦隊ジェットマン』二〇一八年 講談社

岡部まり

Mari Okabe

1960-

岡部まりは、「探偵！ナイトスクープ」の二代目秘書を一九八九年からやっていたようだが、私がこの番組を観始めたのはカナダから帰って来た九二年からで、たちまち、なんて魅力的な人だろう、と思って、『片想いにさようなら』などのエッセイ集を買ってきて読んだりした。

同じころ、フジテレビの「ミッドナイトアートシアター」という映画番組の案内役をやっていて、そちらでも見ることがあった。アンゲロプロスの『アレクサンダー大王』をやった時は、映画評論家の品田雄吉との対談形式での解説だったが、中で、アレクサンダー大王とあだ名される男が、手下に取り囲まれてわっと飛び掛かられ、人々が広まると消えているという場面があり、食べられてしまったということらしいのだが、品田が「でもあれ、役者さんは人々の中に隠れているわけですよね」と言い、岡部が突っ伏して笑い、「それを想像すると笑いが止まらないと。品田さんもそういう見方をするんですね」と言っていて、ああかわいいなあ、と思ったのであった。つまり岡部まりは、笑っていたり突っ伏したりするのがかわいいので、それで「探偵！ナイトスクープ」の秘書に最適だったということである。酒井ゆきえにもそういうところがある。

「永遠の処女」みたいな雰囲気もあったが、私は上岡龍太郎が辞めてから「探偵！ナイトスクープ」も観なくなり、そのうち岡部まりは民主党から選挙に出て、この番組も降りてしまった。

おかべ まり　長崎県南高来郡出身。福岡女学院短期大学英語科卒業。在学中からモデル、ラジオＤＪを務める。一九八九年から二〇一〇年まで朝日放送「探偵！ナイトスクープ」に進行役でレギュラー出演したほか、「Ryu's Bar 気ままにいい夜」「優雅なエゴイズム」などトーク番組で人気を得た。ＴＢＳ「オイシーのが好き！」、映画『！［ａｉ－ｏｕ］』などで女優としても活動。一〇年七月の参議院議員選挙で大阪府選挙区に民主党から立候補したが次点で落選。

『だから、ひとりが楽しい私』著＝岡部まり　一九九七年　講談社

田中規子

Noriko Tanaka

1975-

一九九三年から放送された「有言実行三姉妹シュシュトリアン」はすばらしいドラマだった。「ちゅうかなぱいぱい」以来の美少女変身特撮もので、石ノ森章太郎の原作だが、石ノ森が原作漫画を描いたわけではない。それまでの「ナイルなトトメス」や「美少女仮面ポワトリン」がどうも美少女度において大したことがなかったのに対し、「シュシュトリアン」は美少女度も高く、鳥居と鳥をかけた和風のイメージデザインが見事だった。

三姉妹は、高校生の雪子、中学生の月子、小学生の花子という設定だったが、十八歳になる田中規子が雪子、十五歳になる石橋けいが月子というのはいいとして、十三歳の広瀬仁美が小学生というのはちょっと無理があった。

磨赤児や吹越満の助演もすばらしく、シナリオも良かった。当時私はカナダ留学から帰って大学院に通っていたが、終わってしまうのが悲しかった。

その後、真ん中の石橋けいは「ATHENA—アテナ—」(一九九八)で主演し、美人女優として「ウルトラマン」シリーズにも出演したりしており、今では舞台に立っている。長女の田中規子は、引退してしまったが、「シュシュトリアン」当時、一番美しかったのは田中規子であった、ということは言える。YouTubeには、なべやかんが「シュシュトリアン」のファンで、田中規子に会いに行くという企画があった。

たなか　のりこ　宮崎県出身。一九八八年、オスカープロモーションの全日本国民的美少女コンテストに出場し、演技コンテスト部門賞受賞。フジテレビ「有言実行三姉妹シュシュトリアン」、TBS「ウルトラマンティガ」、フジテレビ「救命病棟24時」などに出演。映画では『エバラ家の人々』『ひみつの花園』などに出演。二〇〇五年ごろに藝能界を引退。

『有言実行三姉妹シュシュトリアン　VOL・1』二〇一八年　東映

黒木華

Haru Kuroki

1990-

私はNHK朝の連続テレビ小説「純と愛」を珍しく最初から観ていたのだが、夏菜が演じるヒロインに嫉妬して意地悪をする役が黒木華だった。いやあブスな悪役があっているなあ、と思っていたら、世間で黒木華はいいということになっていき、映画の主演まで決まってしまい、憮然とした。

伊藤整が、「伊藤整先生の女性美の認識が、流行雑誌や服飾雑誌の口絵写真によって形成されていないで、これ等の田舎の化粧もなにもしていなかった少女たちのイメージの切れっぱしで形成されているらしい」と書いている(『女性に関する十二章』)。「先生」とあるのは戯文調だから。これを敷衍《しえん》すれば、男が女を好きになる時、その根底には、少年時代に好きだった近所の、さして冴えてもいない女の子のイメージがあると言っている(もっともこれは田舎育ちの少年の話で、東京育ちで近所に美少女がいたりしたら成り立たないし、伊藤夫人はすごい美人である)。黒木華の人気は、そういう、少年時代に好きだった近所の女の子的なところがあるからではないか。

これは恋愛以外にも言えることで、浅田彰があんなに人気があったのは、当時青年だった者らが子供だったころ絶大な人気を誇った「フィンガー5」の玉元晃を彷彿とさせたからだと思っている(当人らは無意識)。

私自身もそういうことはあって、大人になって好きになった女性の面影に、天地真理を見出したり、「あかねちゃん」（ちばてつや）を見出したりすることがある。

そして黒木華も好きになった、とくればいいのだが、どうもこのタイプは私の中にはなかったらしく、そうはなっていないが、きっと黒木華が好きな人というのは、少年時代にこんな女の子が好きだったんだろうなあ、などと想像するのである。

くろき はる　大阪府高槻市出身。京都造形藝術大学藝術学部卒業。高校時代から演劇部に所属。大学在学中に野田秀樹演劇ワークショップに参加し、翌年NODA・MAP「ザ・キャラクター」でデビュー。同年、NODA・MAP「表に出ろいっ！」で野田秀樹、中村勘三郎と三人芝居を演じる。二〇一一年「南へ」（NODA・MAP）、「荒野に立つ」（阿佐ヶ谷スパイダース）、「あゝ、荒野」（演出＝蜷川幸雄）に出演し注目される。一二年、NHK連続テレビ小説「純と愛」でテレビ初出演。一四年『小さいおうち』でベルリン国際映画祭最優秀女優賞（銀熊賞）を日本人最年少で受賞。同作で日本アカデミー賞最優秀助演女優賞受賞。同年のNHK連続テレビ小説「花子とアン」の主人公の妹役も話題となる。翌年の『母と暮せば』で再び日本アカデミー賞最優秀助演女優賞受賞。一六年、

『リップヴァンウィンクルの花嫁』で映画初主演、「重版出来！」で連続テレビドラマ初主演。ほかにも『舟を編む』『幕が上がる』『永い言い訳』『ソロモンの偽証』『日日是好日』『浅田家！』『星の子』など話題の映画に出演。テレビではNHK大河ドラマ「真田丸」「西郷どん」、「みをつくし料理帖」「獣になれない私たち」「凪のお暇」「イチケイのカラス」などでも好評を得る。「書く女」（作・演出＝永井愛）、「ワーニャ伯父さん」（演出＝ケラリーノ・サンドロヴィッチ）、「ケンジトシ」（作＝北村想、演出＝栗山民也）など舞台でも活躍。

『黒木華写真集 映画「リップヴァンウィンクルの花嫁」より』監修＝岩井俊二　写真＝菊地修　二〇一六年 リトル・モア

MEGUMI

Megumi
1981-

MEGUMIという女優は、三十代になってからどんどん美しくなっていって驚いている。私は「トリビアの泉」は観ていなかったのだが、あとになって動画で観たりしているうちに好きになり、写真集を買ったりして、それで見ると、高校中退の元ヤンキーっぽいし、実際そうだったわけだが、何かそう言い切れない魅力を感じてはいたのである。

しかし実際、最近は、映画『ひとよ』（監督＝白石和彌　二〇一九）など観ていて、何だかきれいな女が出ていて、私は確かにこの人を知っているが誰だっけ、と思って調べるとMEGUMIなのである。あああーいい女になってきたなあ、と。

二十代では何だか軽い感じだったのが三十近くなってから大人の美人に見えてくるというのは、優香にもあったし、もっと古くは、吉永小百合も、二十代は丸い顔の女の子で、三十代からだんだんきれいになっていった。女は若ければいいというものではないらしい。

めぐみ　島根県松江市出身。倉敷翠松高等学校中退。グラビアアイドルとして人気を得る。「虎の門」「トリビアの泉～素晴らしきムダ知識～」「くりぃむナントカ」などバラエティでも活躍。二〇〇八年、Dragon Ashの降谷建志と結婚し一男を儲ける。NHK連続テレビ小説「風のハルカ」、「偽装不倫」「きのう何食べた？」「おっさんずラブ —in the sky—」「あのときキスしておけば」など近年は女優業を中心に活動。一九年、映画『台風家族』『ひとよ』でブルーリボン賞助演女優賞受賞。

『Besos』著＝MEGUMI　二〇〇六年　世界文化社

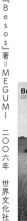

村西とおるを描いた「全裸監督」（二〇一九、二一）で村西の二番手を務める順子役を演じ、そのハスキーボイスに人気がある。「監督、本番行為はやはりまずいです」というセリフがひどく印象に残る。又吉直樹原作の映画『劇場』でも、主人公にきついことを言う知り合いの女性劇団員・青山を演じていて、私はこの人物のほうが気になったくらいの存在感があった。『ホテルローヤル』（二〇）ではあっさりと女子高生役を演じていて、妻に不倫された男と心中してしまう役だったが、私はあまりこの女子高生と心中したいという気分にはならなかった。

伊藤沙莉

Sairi Ito
1994-

いとう さいり　千葉県生まれ。日本テレビ「14ヶ月〜妻が子供に還っていく〜」に出演、九歳で女優デビュー。「みんな昔は子供だった」「女王の教室」などに子役として出演。二〇一七年、映画『獣道』主演で注目を集める。NHK連続テレビ小説「ひよっこ」、「獣になれない私たち」など話題作に出演。二〇二〇年、「映像研には手を出すな！」「これは経費で落ちません！」「ペンション・恋は桃色」「全裸監督」「反骨の考古学者 ROKUJI」でギャラクシー賞テレビ部門個人賞受賞。ヒロイン役を演じたNHK「いいね！ 光源氏くん」が話題になる。二〇二一年に『劇場』『十二単衣を着た悪魔』『ホテルローヤル』でブルーリボン賞助演女優賞受賞。特徴的な声を活かしたナレーション（「大豆田とわ子と三人の元夫」「カラフルな魔女の物語～角野栄子85歳の鎌倉暮らし～」など）にも定評がある。

『【さり】ではなく【さいり】です。』著＝伊藤沙莉　二〇二一年　KADOKAWA

かすみ玲

Rei Kasumi
生年非公開

ストリップの踊り子はブス美ぞろいである。今なら人気があるのは六花《ろっか》ましろだろうか。私が好きなのは、あまり出番がないのか地方巡りをしているが、かすみ玲である。アフリカ系の血を受け継いでいるといわれ、手足は長く、前田美波里みたいに踊り手として理想的な体形で、顔は良いわけではないところに味があって、上野シアターで初めて観てからずっと注目している。

かすみ れい　東京都出身。二〇〇六年、池袋ミカド劇場でストリッパーとしてデビュー。一六九センチの長身、スレンダーな体と素朴な笑顔で人気を集める。岐阜のまさご座、愛媛のニュー道後ミュージック、福井のあわらミュージック、大阪の晃生ショー劇場などに出演。

群ようこ

Yoko Mure

1954-

私はカナダのヴァンクーヴァーに留学していた二十七歳の時（一九九〇年から）、ダウンタウンにある日本書の店であるソフィア書店で、群ようこのエッセイを買って読んだら面白くて、次々と読んでいたことがある。のち、世間で面白いと言われているエッセイスト何人かの作品を読んだが、群の初期のものほど面白くはなかった。

当時、群自身は三十代で、新聞などに出ることがあったのだが、私は実はその顔だちもけっこう好きだったのである。しかるに、大学の同じ寮に住んでいた京都の某大学の女子学生に、このエッセイストが好きで、と言って、群ようこの顔写真も載っている新聞広告を見せたら、

「あの……この人が好きなんじゃないですよね」

と言われ、ああ、やっぱりそう思われるのか、と思ったのであった。写真によって違うが、集英社文庫の『トラちゃん』（一九九九）の折り返しに載っていた写真が私は好きだった。

『アメリカ居すわり一人旅』では、アメリカへ行くと日本人女性はもてる、特にちっこい目をしたのがもてると言われ、実際に群も道を歩いていたら道端にいた男が「ベイビー」と言いながらいきなり抱きついてきたと言うが、私もそんな感じで群がかわいかったと思う（いきなり抱きついたりはしないが）。

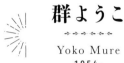

のち、西原理恵子との共著『鳥頭対談―何を言っても三歩で忘れる』(九八)を読んだら、男が家に泊まったことがない、という話になって、西原が「はめたあととか泊ってかない?」と訊くと群が「いや、なんか帰っていくね」と言っていて、群ようこに処女的イメージを持っていた愛読者にショックを与えたようだが、私は、そりゃそうだよな、群ようこを好きになる男だっているよな、と妙に納得したのであった。

むれ ようこ 東京都出身。日本大学藝術学部文藝学科卒業。広告代理店に就職後、半年で退職。職を転々とした後に本の雑誌社に事務職で入社。一九八四年、『本の雑誌』に書評を書き始める。同年、『午前零時の玄米パン』で作家デビュー。エッセイ、旅行記、小説、評伝、対談など著書多数。『かもめ食堂』(二〇〇六)を映画のために書き下ろし、映画(監督=荻上直子)が大ヒットする。『パンとスープとネコ日和』(一二)もWOWOWでテレビドラマ化。WOWOWドラマ「山のトムさん」(一五)では脚本を手掛ける。エッセイに『これで暮らす』『たべる生活』『きものが着たい』『いかがなものか』『じじばばのるつぼ』『この先には、何がある?』『咳をしても一人と一匹』『老いと収納』『欲と収納』『ゆるい生活』、評伝に『贅沢貧乏のマリア』『尾崎翠』『あなたみたいな明治の女』『馬琴の嫁』、小説に『無印』シリーズ、『パンとスープとネコ日和』シリーズ、『れんげ荘物語』シリーズなどがある。

『おかめなふたり』著＝群ようこ　二〇〇四年　幻冬舎文庫

小林聡美

Satomi Kobayashi

1965-

私は、三谷幸喜には嫉妬している。喜劇作者としては、私は別に喜劇作家になりたかったわけではないからいいのだが、大河ドラマが好きでその脚本を書くとくると、やや妬ましい。「新選組！」は、だいたい新選組が人殺し集団だと思っているからいいのだが「真田丸」は出来も含めて妬んだ。さらに以前は、小林聡美と結婚していたから、さらに妬ましかった。だが二〇一一年に別れたので、それはいい。

小林聡美を初めて観たのは、大林宣彦の『転校生』（一九八二）で、一七歳で上半身をあらわにしていたが、その時はさほどでもなく、次に大林の『廃市』（八三）に出た時の美少女ぶりにやられてしまったのである。「あたしは、おへちゃよ」なんてかわいい台詞もあって、そんなことないない、と言いたくなるのである。『ゴジラvsモスラ』（九二）では、別所哲也演じる冒険家の元妻役で、ダメな亭主を叱る妻役がとても似合う。しかもここでは、監督の大河原孝夫が、小林聡美を美しく撮ろうとしているのがわかる。バトラが現れた時、少し目をほそめて「あれが？」という表情を正面から少し斜めにしてとらえたショットはすばらしい。

しかも知的で、エッセイも書くし、高卒だったが大学へ入り直して勉強したし、「NHK俳句」の司会もしている（私はもともと前に司会していた岸本葉子さんのファンでもあるが）。小林聡美は、好きにならずにいられない。

小林自身は、自分は顔が大きいと思っていたらしいが、私は顔の大きい女が好きなのである。むろん、顔が大きければいいというものではないのだが。

こばやし さとみ　東京都葛飾区出身。一九七九年、『3年B組金八先生』の生徒役でデビュー。八二年、『転校生』（監督＝大林宣彦）で主演し、日本アカデミー賞新人俳優賞受賞。八八年から始まったフジテレビ「やっぱり猫が好き」シリーズで人気を得る。二〇〇六年、主演映画『かもめ食堂』がヒット。映画『めがね』『プール』『マザーウォーター』『東京オアシス』『犬に名前をつける日』で主演。テレビドラマでは「すいか」「サボテン・ジャーニー」「パンとスープとネコ日和」「ペンションメッツァ」で主演。一四年、『紙の月』で日本アカデミー賞優秀助演女優賞、ブルーリボン賞助演女優賞受賞。その他、映画『さびしんぼう』『恋する女たち』『ゴジラvsモスラ』『海よりもまだ深く』『閉鎖病棟 ―それぞれの朝―』『騙し絵の牙』、テレビドラマ「イエスの方舟」「痛快！OL通り」「2クール」「anone」など話題作に出演。九五年に脚本家・映画監督の三谷幸喜と結婚、二〇一一年に離婚。四十五歳で大学に入学し、一五年に大学院へ進学。『ほげらばり　メキシコ旅行記』『凜々乙女』『案じるより団子汁』『マダム小林の優雅な生活』『ワタシは最高にツイている』など著書多数。

『廃市』監督＝大林宣彦　一九八三年　キングレコード　©ATG

田中美里

Misato Tanakao

1977-

大河ドラマ「利家とまつ」で、美貌の女人として知られる信長の妹・市をやったわりには、田中美里は普通には美人という感じがしない。しかし先日、『ゴジラ×メガギラス』で谷原章介とゴジラ殲滅のために戦っているのを二度目ながら観ていたら、最後にゴジラをブラックホールに飲み込ませて、自分は戦闘機から脱出してプールへ落ちたあと、そこからざばりと出て来て、必死で呼びかける谷原に無線で「そんなにあたしの声が聞きたいの、ひょっとして気があるんじゃない」というアメリカ映画みたいなジョークを実際には疲れた顔で言うシーンを見て、ほう、この女優はいいなあ、と初めて思ったことであった。

たなか みさと　石川県金沢市出身。北陸学院高等学校卒業。一九九六年、東宝シンデレラオーディション審査員特別賞を受賞し藝能界デビュー。九七年、美容家・吉行あぐりの自伝をドラマ化したNHK連続テレビ小説「あぐり」に主演し人気を得る。その後「WITH LOVE」「緋が走る」「一絃の琴」などで主演。二〇〇二年、NHK大河ドラマ「利家とまつ」で市を演じる。〇三年、NHKで放送された大ヒット韓国ドラマ「冬のソナタ」のヒロインの声の吹き替えを担当。映画は『ゴジラ×メガギラスG消滅作戦』『みすゞ』などに主演。「わが町」（演出＝鴨下信一）、「写楽考」（作＝矢代静一　演出＝マキノノゾミ）、「砂利」（作＝

本谷有希子　演出＝倉持裕）など舞台にも出演。

『ゴジラ×メガギラス　G消滅作戦』監督＝手塚昌明　二〇一四年　東宝

竹井みどり

Midori Takei

1959-

竹井みどりといえば、十六歳の時のNHK少年ドラマ「野菊の墓」（一九七五）が絶品である。もっとも「野菊の墓」は、松田聖子が主演した、澤井信一郎監督のものも良くて、要するに民子は、額の広い女優がやるといいということだが、竹井版民子が、例によってNHKにもビデオが残っていないのは残念なことだ。

あと大河ドラマにもちょっと出たが、次は「大鉄人17」（七七）の佐原千恵役で、これは当時は観ていなかったがあとで観た。あるいはNHKの、山田太一の「男たちの旅路」で、不安定な女子高生を演じていたし、ほかにも時代劇にゲストで出ていたようだが、あとは「ウルトラマン80」で、謎の島に住む宇宙人の女を演じており、大門正明が演じるUGFのチーフと愛し合い、代わりに死ぬというメロドラマティックな役を演じていた。

しかし八二年には、にっかつロマンポルノ『キャバレー日記』に主演し、それからマニアックな映画の主演をしたりして、九三年にはヌード写真集を出した。私はこれは持っているが、「野菊の墓」当時の美しさは失われていたと、ちょっとそれは悲しく思ったりもする。

たけい みどり　長野県諏訪市出身。堀越高等学校卒業。一九七五年、山田風太郎の『戦中派虫けら日記―滅失への青春』が原作のNHKドラマ「ドラマでつづる昭和シリーズ2 青春」で女優デビュー。NHK「野菊の墓」、NHK大河ドラマ「花神」、「銭形平次」「熱中時代 刑事編」などに出演。八二年、にっかつロマンポルノ『キャバレー日記』（監督＝根岸吉太郎）で主演。その後、『徳川の女帝 大奥』（監督＝関本郁夫）、『くれないものがたり』（監督＝池田敏春）で主演。九二年から「難波金融伝・ミナミの帝王」シリーズに出演。

『千夜物語―竹井みどり写真集』撮影＝奥 舜　一九九三年　ぶんか社

吉本多香美

Takami Yoshimoto

1971-

吉本多香美は、九六年から始まった「ウルトラマンティガ」のヒロイン・レナ役で広く知られるようになったし、私もそれで、初代ウルトラマン黒部進の娘として知ったのだが、ウルトラシリーズのヒロインをやって一般女優にもなれる人は少ない。榊原るみがかろうじてそれかという感じである。

よく見るとそう美人というわけではないのだが、やはり魅力があるのだろう。私も実は好きで、それから三年後くらいに、吉本多香美とともにロンドンの夏目漱石の下宿を訪ねるテレビ番組に私が出演するという、つまり吉本さんと二人で英国を旅するという夢のような話が舞いこんだのであるが、私はその当時飛行機に乗れなくなっていたので断った。実に断腸の思いであった（もっともこれは企画自体ボツになったらしい）。

よしもと たかみ　埼玉県大宮市出身。父は俳優の黒部進。獨協大学外国語学部フランス語学科卒業。一九九〇年、大学在学中に父と一緒に新聞広告に登場。九二年、JR東海のCM「クリスマス・エクスプレス」五作目のヒロインに抜擢。「ウルトラマンティガ」（九六）のレナ隊員役を演じる。映画『皆月』『TOKYO NOIR』『またの日の知華』でヒロインを演じる。テレビでは「御宿かわせみ」シリーズ、「太閤記　天下を獲った男・秀吉」などに出演。女優としての活動のほか、NHK「クイズ日本人の質問」「夢の美術館」、TBS「王様のブランチ」「日立　世界・ふしぎ発見！」など情報バラエティ番組にも出演。二〇〇一年、アメリカ人と結婚、後に離婚。その後、再婚し一男を出産。現在は石垣島に暮らし、セラピストとしてマクロビ料理教室などを運営。

『walk・a・bout――吉本多香美写真集』撮影＝Hashimoto Masashi　二〇〇五年　音楽専科社

藤真利子

Mariko Fuji
1955-

私が藤真利子を知ったのは、世間で認知されたのと同時だろう、一九七八年に、水上勉原作で、かつて内田吐夢が映画化した『飢餓海峡』をフジテレビでドラマ化した際（主演＝山崎努、若山富三郎）、ヒロインで殺される役の杉戸八重役に多岐川裕美が決まっていたのが、多岐川がヌードを拒否したので、新人として起用された時のことである。だが私はそのドラマそのものは観ていなくて、その騒動だけ知っている。だから藤真利子をちゃんと観たのは、八〇年の大河ドラマ「獅子の時代」でであろう。

当初は、藤原審爾《しんじ》という直木賞作家の娘ということで知られた。藤原はその前にやっていた民放のドラマ「天の花と実」の原作者で、こちらでもヒロインの竹下景子がヌードになるかどうかで悶着があり、結局は肌色のものを身につけての出演となったようで、竹下は映画『祭りの準備』ではヌードになっているし、多岐川だって『聖獣学園』では脱いでいて、女優は有名になると脱がなくなるということを高校一年の私は知ったのである。

藤真利子の人気のおかげで、角川文庫で藤原の旧作が復刊されたりして、藤原が「娘の七光りなんてのはやだね」とか言っていた。

とはいえ、そう美人とは思えなかった。だが四十年たってみると、ちゃんと女優として生き延びているのは、役を選ばず演じて来たからであろうが、それはそれで立派な役者根性である。「ドクターX」では西田敏行の美人妻の役まで演じている。しかし考えてみると、作家の娘で聖心女子大卒なんだかられっきとしたお嬢さんで、お嬢さん女優なのである。私はつくづくお嬢さんが好きなんである。

ふじ まりこ 東京都出身。聖心女子大学文学部卒業。父は小説家の藤原審爾。大学在学中の一九七七年にTBS「文子とはつ」で女優デビュー。同年、『北村透谷・わが冬の歌』（監督＝山口清一郎）で樋口一葉を演じて映画デビュー。七八年に「飢餓海峡」でヒロインを演じゴールデン・アロー賞最優秀新人賞などを受賞。その後も、NHK大河ドラマ「獅子の時代」「徳川家康」「西郷どん」、「永遠の仔」、「HOTEL」シリーズ、「ドクターX」シリーズなどに出演。映画『天平の甍』（監督＝熊井啓）、『わるいやつら』（監督＝野村芳太郎）、『吉原炎上』（監督＝五社英雄）、『黒いドレスの女』（監督＝崔洋一）、『寒椿』（監督＝降旗康男）、『眠る男』（監督＝小栗康平）などに出演。八五年の『薄化粧』（監督＝五社英雄）で日本アカデミー賞助演女優賞、ブルーリボン賞助演女優賞受賞。「三島由紀夫近代能楽集・道成寺」（演出＝芥川比呂志）、「ロミオとジュリエット」（演出＝蜷川幸雄）、「アマデウス」（演出＝ジャイルズ・ブロック）、「テレーズ・ラカン」（演出＝デヴィット・ルヴォー）、「花迷宮」（演出＝栗山民也）など舞台でも活躍。

微美杏里のペンネームで柏原芳恵の「夏模様」、沢田研二の「SCANDAL!!」などを作詞。

母の介護体験を綴ったエッセイを上梓。『ママを殺した』著＝藤真利子　二〇一七年　幻冬舎

熊谷真実

Mami Kumagai

1960-

熊谷真実は、つかこうへいと結婚していたことがある。つかこうへい事務所の女優で、一九七九年前期朝の連続テレビ小説「マー姉ちゃん」で主演していた。その時、妹の長谷川町子役（作中では磯野マチ子役）を演じていたのが田中裕子である。熊谷の実の妹は熊谷美由紀で、こちらは松田優作と結婚して松田美由紀を名のり、二人の息子は立派な俳優に育っている。妹のほうが美人だと言う人がいるのだが、私はああいう薬師丸ひろ子的豆タヌキ顔は好きではないので、真実のほうがいい気がする。

「マー姉ちゃん」は、私が高校二年の年で、あまり観られなかったが、夏休みには割と集中して観ていた。九月になって登校すると、友人だったOが、昼休みに、担任の教員がいる室へ行って「マー姉ちゃん」を観ようと言い出した。別にその日が特別な日だったわけではなくて、何だか毎日観る気でいるみたいだから、「そんなことしていいの？」と訊いたら、「いいよいいよ」と言って連れていかれて、担任に頼んだら観せてくれた。

翌日も行ったのだが、担任もさすがに毎日とは思わなかったらしく、私たちがテレビ画面を観ている途中で、「なに、毎日来るの？」と訊くから、そうですと答えると、「そりゃあ許されないな」と言った。あっと思って二人で緊張しつつ画面を観ていたが、Oが「おい、帰ろう」と言ったから、二人で退室した。私には〇が、毎日観るなどということがなんで許されると思ったのかそれが不思議だった。
二〇二〇年の長い映画『アンダードッグ』（監督＝武正晴）で、六〇歳になる熊谷真実は、デリヘル嬢の役をやっていた。これがすごかった。二ノ宮隆太郎という三十三歳の男が、知的障害がありそうな店長役を演じているのだが、しまいにはいきなり二ノ宮に熊谷がキスしてその場でセックスしてしまう（描かれてはいない）ありさまで、久しぶりに熊谷真実の女優力を見た気がした。

くまがい まみ　東京都杉並区出身。一九七八年、つかこうへい演出「サロメ」でデビュー。同年、ＮＨＫ「十字路」（主演＝千葉真一、草刈正雄）でテレビデビュー。七九年、『俺たちの交響楽』（監督＝朝間義隆）で映画デビュー。同年、ＮＨＫ連続テレビ小説「マー姉ちゃん」で主演し、エランドール賞新人賞受賞。映画『思えば遠くへ来たもんだ』『陽暉楼』『大病人』『愛を乞うひと』などに出演。「ちいさき神の、つくりし子ら」（演出＝大杉祐）、「ビギン・ザ・ビギン」（作＝マキノノゾミ、演出＝栗山民也）、「ＡとＢの俳優修行『ま』」（ベンガル・綾田俊樹作・演出）、「夢の裂け目」（作＝井上ひさし　演出＝栗山民也）など舞台でも活躍。二〇一五年、こまつ座公演「マンザナ、わが町」で紀伊國屋演劇賞個人賞受賞。一九八〇年、つかこうへいと結婚、翌々年に離婚。二〇一二年に書道家の中沢希水と結婚、二一年に離婚。現在、静岡県浜松市在住。

『グラフＮＨＫ』特集「マー姉ちゃん」一九七九年四月号　ＮＨＫサービスセンター

杉山とく子

Tokuko Sugiyama
1926-2014

杉山とく子といっても知らない人が多かろう。「男はつらいよ」がテレビドラマだった時におばちゃんをやっていた女優である。おいちゃんが森川信で、その妻役である。映画版になってからも森川は続け、おばちゃんは三崎千恵子に代わるが、森川の死後、松村達雄に代わり、また数年で下條正巳に代わって最後まで下條―三崎コンビだった。しかし松村や杉山は『男はつらいよ』シリーズにゲストで出ることがあった。

さて杉山とく子は、はなからもうおばあさん風なのだが、当時はまだ四十代半ばである。だが、「寅さん」シリーズで何度か見ているうちに、若いころは美人だったんじゃないかと思えて来た。またそうでなければ女優にならなかったのではないか。

もっとも、一九六二年の『キューポラのある街』に母役で「杉山徳子」として出演しているが、それを見ても似たような顔だから、最初からこんなだったのかな、という気もしないではない。

すぎやま とくこ　東京出身。実践女子学園第二高等女学校卒業。東宝のニューフェイスに応募し、一九四六年から舞台藝術アカデミーで学ぶ。四八年に俳優座に入る。同年、『遠くへの羊飼い』で舞台デビュー。『白鳥は悲しからずや』（監督＝豊田四郎　四九）、『女の園』（監督＝木下惠介　五四）、『キューポラのある街』（監督＝浦山桐郎　六二）などの映画に脇役で出演。六〇年代後半からは多くのテレビドラマで脇役を務める。「男はつらいよ」「たんとんとん」「でっかい青春」「てんつくてん」などに出演し、「渡る世間は鬼ばかり」シリーズは九〇年から出演しつづけ遺作となった。映画はほかに『遊び』（監督＝増村保造）、『同胞』『遙かなる山の呼び声』（監督＝山田洋次）、『幻の湖』（監督＝橋本忍）、『嵐が丘』（監督＝吉田喜重）、『マルサの女』『あげまん』（監督＝伊丹十三）などに出演。アニメ映画『太陽の王子 ホルスの大冒険』や海外ドラマ「ER緊急救命室」の吹替版などで声優としても出演。

『老いるとはどういうことですか』著＝杉山とく子　聞き手＝えのきどいちろう　雲母書房

久保まづるか

Mazuruka Kubo

1935-

吉田喜重の和製ヌーヴェル・ヴァーグ映画『告白的女優論』（一九七一）に登場するのが久保まづるかである。これは、北原武夫の『告白的女性論』をもじったもので、吉田の妻である岡田茉莉子、浅丘ルリ子、有馬稲子の三人が主役である。これまた、三角関係や精神分析がふんだんに出てくるフランスかぶれ的映画である。ほかに若いころの太地喜和子も出ているのだが、有馬にずっとついているのが久保まづるかで、私が一番気になったのはこの女優であった。民藝の女優らしいが、左時枝風の顔だちで、一般的には美人ではないのだが、「天下の美女」有馬稲子と対等にわたりあっている。だが、私には久保まづるかの印象が非常に強かった。この女と恋愛をしたらさぞ強烈なものになるだろうと思わせるものがあった。

くぼ まづるか　東京都出身。一九五六年、劇団民藝水品演劇研究所に入団。舞台「パレードを待ちながら」「山猫理髪店」「火山灰地」などに出演。映画『告白的女優論』（監督＝吉田喜重）、『配達されない三通の手紙』（監督＝野村芳太郎）などに脇役で出演した。夫は同じ劇団民藝所属の俳優だった鈴木智で、二〇一八年に死別。

『告白的女優論』監督＝吉田喜重　二〇一三年　松竹

川上ゆう

Yu Kawakami

1982-

川上ゆうは、AV女優である（旧名・森野雫）。この四十年の間に、AV女優も基本的にかなり美人でなければ務まらなくなったのは、ソープ嬢やヘルス嬢と似た状況にある。顔はともかく体を売ればいい、とはいかなくなってきたのだ。だが、それでも川上ゆうのように、必ずしも美貌ではないAV女優が絶大な人気を保っている。かつて、川上ゆうが名前の出ないAVに出ているのを観たことがあるが、そこでもその才能は明らかだった。川上ゆうはつけまつげでいくらか美人に見せているが、名前が出ないときはつけまつげなしだったから、よけい顔はぱっとしない。それでもすごいところは、エロティックな雰囲気を醸し出す演技力である。谷崎潤一郎は、最初の妻に不満でならず、二度までも離縁しようとして、とうとう佐藤春夫に譲ってしまったが、谷崎が不満としたのは、まさにこの、エロティックな雰囲気を作り出す才能がないことであったろう。

ほかにも、人気のあるAV女優にはこの才能がある。もう引退したが大越はるかなど、それがあった。そして、美形ではない女優にこの才能があると、特にその効果は絶大なのである。

かわかみ ゆう　東京都出身。二〇〇四年に森野雫として「近親白書　母親失格」でデビュー。〇七年に引退したが、同年に川上ゆうに改名して再デビュー。

一一年にスカパー！アダルト放送大賞熟女女優賞受賞。一七年にみうらじゅん賞受賞。著書に『「もっと愛される」30歳からのモテSEX』『ソノ先が、知りたくて』がある。

『ソノ先が、知りたくて』著＝川上ゆう　二〇一六年　双葉文庫

キャロライン洋子

Caroline Yoko

1962-

私が子供のころ、子役ないし子供藝人として有名だったが、大人になってタレント活動をやめてしまった、出てこなくなってしまった人というのは割といる。「ケンちゃん」の宮脇康之は、大人になってにっかつロマンポルノに出たあたりからあまり見なくなったが、宮脇健と名前を変えて今も活動している。雷門ケン坊は子供落語家で、一九七七年にNHKの人形劇「新諸国物語より笛吹童子」の語りをやっていたが、八一年の「おじゃまんが山田くん」からあとは見ない。美少年俳優だった岡村菁太郎も、民放の「新諸国物語 笛吹童子」で主演していたが、親の家を継いで清元延寿太夫となっており、息子は歌舞伎俳優の尾上右近である。

キャロライン洋子はアメリカ人の父と日本人の母をもつハーフタレントで、のち上智大学からアメリカの大学へ進んでタレントはやめたが、私が中学生のころ聴いていたNHKラジオの「続基礎英語」などで、英語の歌を歌っていた。私はそれらを録音して何度も聴いていたので、キャロライン洋子には懐かしさを感じる。

きゃろらいん ようこ 東京都出身。劇団若草に入団。読売テレビ「パパのおくりもの」でデビュー。「少年探偵団」「巨泉×前武ゲバゲバ90分！」「飛べ！ 孫悟空」などに出演。一九七九年、三越劇場「キャンディ♡キャンディ」で主演。八一年、NHK「マリコ」（原作＝柳田邦男）で、戦前のワシントン日本大使館に勤務し戦後は昭和天皇の通訳を務めた外交官・寺崎英成の娘（マリコ・テラサキ・ミラー）を演じる。調布のアメリカンスクール・イン・ジャパン卒業後、上智大学へ進学するが中退し、八一年にオレゴン州立大学入学。八六年、オレゴン州立大学科学部コンピューター科学学科の大学院に入学。人工知能を研究し修士号を取得。ヒューレット・パッカード社に長年勤務した後、二〇二〇年にハッピーリタイアで早期引退。アメリカ・コロラド州フォート・コリンズ在住。

『黒い瞳と星条旗：キャロライン洋子のアメリカ学園だより』著＝キャロライン洋子　一九八六年　文華新書

アン・シャーリー

Anne Shirley
1866-1941以後

『赤毛のアン』で知られるアン・シャーリーである。これも『ジェイン・エア』と同じで、映画化などでは割とかわいい女優が演じているが、おそらく最もリアルなアンは、高畑勲演出のアニメ「赤毛のアン」での、近藤喜文がデザインしたもので、しかもアニメだから五年間の成長をシームレスに描きえている。高畑は、赤毛でやせっぽちでみっともないけれど、成長すると美人になるようにと指示し、ミア・ファローを参考にするように言ったという。高畑はこういうところがまたすごかった。日本で『赤毛のアン』が特に人気があるのは、高畑のアニメのゆえが大きいだろう。

アン・シャーリー　カナダ・ノバスコシア州ボーリングブローク生まれ。高校教師だった父母は病気で死去。孤児となったアンはお手伝いのおばさんに引き取られ、子守をさせられる。八歳で養父が亡くなり、近所のおばさんに子守役として引き取られたが、その家の養父も亡くなり、孤児院に入る。農場の働き手となる男子を望んでいたアボンリーのマリラとマシューの兄妹に間違いで引き取られたが、心を通わせ養子となる。クイーン学院を首席で卒業し大学進学の奨学金を得るが、アボンリーで二年間教師として働いた後にレイモンド大学へ入学。三年間サマーサイド高等学校の校長を務めた後、二十五歳でギルバート・

ブライスと結婚。七人の子供を儲ける。

『赤毛のアン　ＶＯＬ・６』監督＝高畑勲　二〇〇九年　バンダイビジュアル

キャンディス・ホワイト・アードレー

Candice White Ardley

1900頃-?

水木杏子原作・いがらしゆみこ作画の少女漫画『キャンディ♡キャンディ』の主人公で、「そばかす鼻ぺチャ」だがかわいいということになっており、作中の男子はみなキャンディが好きになってしまう。アニメでは鼻を大きめにデザインしたので、漫画版のキャンディのほうがかわいい。

私は高校二年の時、このアニメの再放送を観てすっかりファンになり、原作も読み、三時に新大久保の高校が終わると飛んで帰って四時半からの再放送を観たものである。

私は原作の水木杏子が、名木田恵子名義で集英社文庫コバルトシリーズに書いた小説まで読んだものであった。しかるにのち、水木といがらしが著作権をめぐって争いになり、解決していないため、『キャンディ♡キャンディ』の単行本は絶版となり、アニメの再放送やDVD化もできない状態が続いている。ファンにとってはとても悲しいことである。ぜひともお二人には和解して、キャンディが世に出られるようにしていただきたい。

キャンディス・ホワイト・アードレー　アメリカ中西部の孤児院で育つ。十二歳の時、富豪のアードレー一族のラガン家に、娘のイライザの話し相手として引き取られる。養家でいじめにあうが、アードレー族の総長の正式な養女となる。

初恋のアンソニーを事故で失った後、ロンドンの聖ポール学院に留学。ブロードウェイの人気女優の息子、テリィと恋に落ちるがイライザの嫌がらせで二人は学院を退学。テリィを探しアメリカに行き、看護婦（原作ママ）の資格が取れる病院で働くが、世界大戦が始まりシカゴの大病院に派遣される。ニューヨークで再会したテリィとの恋に破れ、ラガン家の息子の執拗な求婚から解放され、生まれ育った孤児院に帰る。

『キャンディ♡キャンディ 1』著＝いがらしゆみこ　原作＝水木杏子　一九九五年　中公文庫

フローネ・ロビンソン

Flone Robinson
1790?-

フジテレビのアニメシリーズ「世界名作劇場」で一九八一年に放送された「家族ロビンソン漂流記　ふしぎな島のフローネ」の主人公である。原作は、スイスのヨハン・ルドルフ・ウィースのドイツ語小説『スイスのロビンソン』（一八一二）で（元は父のヨハン・ダーフィット・ウィースが語ったもので、こちらを原作者とすることもある）、「ロビンソン・クルーソー」を家族でやるという趣向のものである。子供は全員男の子で、女の子は原作には出てこない。しかし、「ペリーヌ物語」や「赤毛のアン」など、それほど美少女ではない少女をヒロインにすることもあるこのシリーズ中では、フローネは特段に不美人、あえていえばブスだったから、当時高校三年生だった私はびっくりしたものだが、中には無人島にたどりついたフローネが、全裸で海中に潜るシーンもあったりして、何だろうこれは……と思わせるものがあった。しかし、このフローネを、観ているうちにかわいいと思わせてしまう関修一・黒田昌郎の手際にも、ちょっと感心した。

フローネ・ロビンソン　スイス・ベルン出身。歌が得意で活発な十歳の女の子。父は医師。母と兄弟の五人家族でオーストラリアへ移住する途中に、大嵐で船が座礁。取り残されたロビンソン一家は筏で無人島に辿り着く。厳しい自然の中で生き延びながら、家族で島からの脱出を計る。

『ふしぎな島のフローネ 家族ロビンソン漂流記 角川版世界名作アニメ全集』著＝ウィース、おおくぼ由美
一九八八年 角川書店

寺山久美

Kumi Terayama

1959-

これは、私の学生時代に一世を風靡したヌードモデルで、といっても二冊くらいしかヌード写真集は確認できていないが、寺山修司にあやかってこの藝名をつけたといい、そういえばアングラ芝居の雰囲気がある。だがパッと見はいわゆる美人ではなく、しかし場末のストリップ劇場で遭遇するような色気とエロティックな雰囲気があった。これはアダルト版「ザ・ブス美」であろう。

てらやまくみ　寺山修司主宰の劇団「天井桟敷」に一時期所属していた。藝名を付けたのは天井桟敷出身の業界人といわれている。一九八〇年ごろからモデルを始め、カセット付きビニ本『my room oh my dream』（八一）を発売したころに引退。

『少女文庫　寺山久美〔WinkしてGood-bye〕』撮影＝藤田晋吉　一九八二年　笠倉出版

杉村春子

Haruko Sugimura

1906-1997

「ザ・ブス美」ともいうべき大御所だが、杉村春子の本領は舞台女優で、しかし舞台というのは戦後は普通の人が訪れる場ではなくなったから、一般人にとって杉村春子は、小津安二郎とかの映画に出てくる脇役女優でしかないのである。かくいう私自身、杉村の舞台を実地に見たことはない。歌舞伎や唐十郎や野田秀樹は観に行っても、文学座の「女の一生」などは普通、大学生は観に行かないのである。

だから多くの人は、大女優と言われるから大女優だと思っているのである。杉村没後、「悪女の一生」というタイトルで、杉村伝を米倉涼子が演じて民放でドラマ化したことがあったが、米倉では実際の杉村より美しかったのであった。

しかし、中丸美繪『杉村春子 女優として、女として』を読むと、杉村は七十歳過ぎまで月経があり、文学座の同僚だった北村和夫（一九二七―二〇〇七）は、二十歳も年下なのに、杉村への気持ちを抑えるのがつらかったと言っているから、凄みを感じさせてならない。

なお杉村は文化功労者にはなっているが、根が左翼なので、文化勲章は辞退しており、女優で初の文化勲章受章者は山田五十鈴である。

杉村の当たり役「女の一生」は、杉村の愛人だった森本薫の作で、戦後になって最後の部分がつけ足されている。杉村没後、平淑恵が引き継いでやっていて、今では山本郁子が演じているが、「夕鶴」が山本安英の、「放浪記」が森光子の当たり役だったように、杉村春子と切り離せない演劇だろう。

すぎむら　はるこ　広島県広島市出身。建築資材商・置屋経営者の養女として育つ。一九二二年、山中高等女学校卒業。東京音楽学校の受験に失敗し、広島女学院で音楽の代用教員として働く。二七年、築地小劇場の研究生となる。同年、「何が彼女をさうさせたか」で初舞台。築地座を経て、三七年に文学座の創立に参加。「女の一生」（作＝森本薫）の布引けい役、「欲望という名の電車」のブランチ役、「華岡青洲の妻」の於継役、「ふるあめりかに袖はぬらさじ」のお園役、「華々しき一族」の諏訪役などが当たり役となった。四八年、「女の一生」で戦後初の演劇部門での日本藝術院賞受賞。六三年、文学座から中堅俳優を含む大半の団員が脱退。その後も若手を育てた。『奥村五百子』（監督＝豊田四郎　四〇）で映画初主演。その他、『小島の春』（監督＝豊田四郎）、『わが青春に悔なし』『赤ひげ』（監督＝黒澤明）、『晩春』『麦秋』『東京物語』『早春』『お早よう』『東京暮色』『浮草』『小早川家の秋』『秋刀魚の味』（監督＝小津安二郎）、『めし』『流れる』『晩菊』『女の座』（監督＝成瀬巳喜男）、『野菊の如き君なりき』『香華』（監督＝木下惠介）などに出演。テレビでも「ありがとう」「三男三女婿一匹」「今朝の秋」「渡る世間は鬼ばかり」（特別出演）、ＮＨＫ連続テレビ小説「春よ、来い」などに出演。五一年、『麦秋』『めし』『命美わし』でブルーリボン賞助演女優賞受賞。七四年、文化功労者。九一年、紀伊國屋演劇賞受賞。九四年、読売演劇大賞受賞。九五年、『午後の遺言状』（監督＝新藤兼人）で毎日映画コンクール女優主演賞などを受賞。

『舞台女優』著＝杉村春子　二〇〇二年　日本図書センター

宮本信子

Nobuko Miyamoto

1945-

伊丹十三の功績の一つは、映画の世界では美化されてきたヤクザを批判する映画を作ったことと、宮本信子を大河ドラマでトメになるほどの大女優に育てたことだろう。『男はつらいよ　純情篇』（一九七一）に、二十六歳の宮本信子が出演しているが、森繁久彌演じる父をもつ、九州の漁村の薄幸な女役で、もちろんマドンナではない。伊丹の『タンポポ』や『マルサの女』で主演するまで、宮本はさして美人でもない一介の脇役女優でしかなかったのである。

だいたい伊丹十三といえば、伊丹万作の息子で、最初の結婚相手は川喜多長政・かしこという映画界の大立者の娘だったのである。二人目が宮本だが、伊丹映画で主演するまで、むしろ伊丹十三の妻ということで知られた女優だったが、伊丹としては宮本に何かいいものを見出したから結婚したのであろうという気はする。

みやもと　のぶこ　北海道小樽市出身。愛知県名古屋市で育つ。愛知淑徳高等学校卒業。一九六三年、文学座附属演劇研究所に入る。六四年、劇団青俳に入団し、「三日月の影」（作＝別役実）で初舞台。その後、フリーとなる。六七年に大島渚監督『日本春歌考』で映画デビュー。六九年、伊丹十三と結婚。夫の監督作『お葬式』（八四）の主演で人気を博す。その後も伊丹作品『タンポポ』『マルサの女』

『マルサの女2』『あげまん』『ミンボーの女』『大病人』『静かな生活』『スーパーの女』に主演。九七年、伊丹十三と死別。NHK連続テレビ小説「どんど晴れ」「あまちゃん」「ひよっこ」、映画『眉山』『キネマの神様』、アニメ『かぐや姫の物語』(声の出演)などに出演。八八年『マルサの女』でシカゴ国際映画祭最優秀主演女優賞、日本アカデミー最優秀主演女優賞など受賞。二〇一四年紫綬褒章受章。二男の母で、長男は俳優の池内万作。

『マルサの女』監督=伊丹十三　二〇〇五年　ジェネオン・エンタテインメント

松村翔子

Syoko Matsumura

1984-

松村翔子は、チェルフィッシュの岡田利規の岸田國士戯曲賞受賞作「三月の5日間」(二〇〇五)で、「ミッフィーちゃん」と自称するさえない女を演じた女優である。現在では松村は劇作家としてモメラスという劇団を率いており、岸田戯曲賞候補になったこともあり、いつまでもミッフィーちゃんと呼ばれたくないと言っているが、あの場面は演劇史に残る名場面である。さえない女を演じている松村が実際は美人だというギャップが特によくて、DVDで私は何度も観たし、あの劇の中であの場面だけ何度も観たという人は多いだろう。

まつむら しょうこ　神奈川県横浜市出身。十代より舞台俳優として活動。二〇〇三年から一二年までチェルフィッチュに俳優として参加。そのほか岡崎藝術座、遊園地再生事業団、月蝕歌劇団、ポツドールなどの作品に出演。一三年、演劇ユニット「モメラス」を結成し作・演出を手掛ける。「青い鳥」(作=モーリス・メーテルリンク)で利賀演劇人コンクール2017優秀演出家賞、観客賞を受賞。一八年に「こしらえる」が、一九年に「反復と循環に付随するぼんやりの冒険」が岸田國士戯曲賞最終候補にノミネートされる。二〇年に「28時01分」がかながわ短編演劇アワード2020で演劇コンペティショングランプリを獲得。結婚し一九年に一女を出産したことをツイッターで公表。

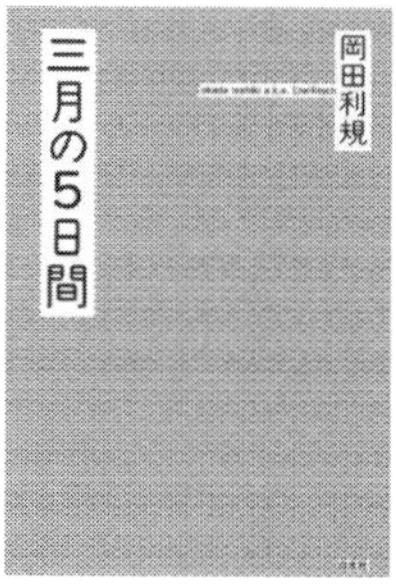

『三月の5日間』著＝岡田利規　二〇〇五年　白水社

角田光代

Mitsuyo Kakuta

1967-

角田光代も現役の作家だから原則から外れるのだが、というのは、角田の小説『草の巣』（一九九八）が出た時、新聞広告に載った角田の写真があまりに美しいので、切り抜いてとっておいたことがあり、それをなくしてしまったので図書館で縮刷版を複写してきたのだが、現物ほどの鮮明さが得られず悔しい思いをしたからである。

角田は直木賞をとる前あたり、酒場で絓秀実に「ブス」と言われ続けたというのだが、これはあまり良くない愛情表現であろう。しかし写真の角度とかによってはとてもかわいく見えるので、なかなか悩ましい女性作家である。

かくた みつよ　神奈川県横浜市出身。早稲田大学第一文学部卒業。在学中の一九八八年、「お子様ランチ・ロックソース」でコバルト・ノベル大賞受賞（彩河杏名義）。九〇年、「幸福な遊戯」で海燕新人文学賞を受賞し、角田光代としてデビュー。九六年、『まどろむ夜のＵＦＯ』で野間文藝新人賞受賞。九八年、『ぼくはきみのおにいさん』で坪田譲治文学賞受賞。同年に刊行した『キッドナップ・ツアー』で産経児童出版文化賞フジテレビ賞、路傍の石文学賞を受賞。二〇〇五年、『対岸の彼女』で直木賞受賞。〇六年、「ロック母」で川端康成文学賞受賞。一一年、『ツリーハウス』で伊藤整文学賞受賞。一二年に『紙の月』で柴田錬三郎賞、『かなたの子』で泉鏡花文学賞を受賞。二一年、『源氏物語』訳で読売文学賞（研究・翻訳賞）受賞。そのほかエッセイ、対談集など著書多数。〇六年に芥川賞作家の伊藤たかみと結婚、後に離婚。〇九年にロックバンドGOING UNDER GROUNDのドラマーの河野丈洋と結婚。『対岸の彼女』『八日目の蟬』『紙の月』『キッドナップ・ツアー』『愛がなんだ』などが映像化されている。

『晴れの日散歩』著＝角田光代　二〇二〇年　オレンジページ

千住真理子

Mariko Senju

1962-

千住真理子は、私と同い年で、高校三年のころ、新人ヴァイオリニストとしてアイドル的な地位にあった。翌一九八一年、NHKの少年ドラマ番外編の、庄野英二原作の「星の牧場」前後二回でヒロイン二役を務め、素人ながらなかなかうまくてかわいらしい台詞まわしで魅了された。

しかし、それから数年後にピアノの仲道郁代やヴァイオリンの諏訪内晶子が登場し、本人は慶大を出て数年で結婚してしまい、あまりCDなどが出て盛り上がることもなくなってしまった。ちょっと出てくるのが早すぎた人という感じがしているが、「星の牧場」だけは、その後ビデオとして発売されたのを買って、DVDに焼いて時どき観ている。それでも、私もあの時、仲道郁代や吉野直子のほうへ走った一人であるだけに、ちょっと申し訳ない気がする。

せんじゅ まりこ　東京都杉並区出身。慶應大学文学部哲学科卒業。父は慶應大学名誉教授、工学博士の千住鎮雄、母はエッセイスト・教育評論家の千住文子、長兄は日本画家の千住博、次兄は作曲家の千住明。二歳からヴァイオリンを習う。一九七三年、全日本学生音楽コンクール小学生の部全国一位。七五年、第一回NHK若い芽のコンサートで十二歳でプロデビューし。TBS系「オーケストラがやって来た」に準レギュラー出演。七七年、日本音楽コンクールで最年少で

（十五歳）優勝、レウカディア賞受賞。七九年、パガニーニ国際コンクールに最年少（十七歳）で入賞。八一年、ＮＨＫ「星の牧場」に出演。八七年フィルハーモニア管弦楽団定期演奏会でロンドンデビュー、八八年サンタチェチリア音楽院管弦楽団定期演奏会でローマデビュー。八六から八八年、ＮＨＫの報道番組「世界は今」で磯村尚徳氏と共にキャスターを務める。同年、ＮＨＫ教育テレビ「ボランティアまっぷ」の司会を務める。九三年に文化庁藝術作品賞、九四年に村松賞、九五年モービル音楽賞奨励賞受賞。二度の結婚・離婚を経験。かつてローマ法王クレメンス十四世が所有したストラディバリウスの名器「デュランティ」を所有している。

『ヴァイオリニスト20の哲学』著＝千住真理子　二〇一四年
ヤマハミュージックエンタテイメントホールディングス

加藤知子

Tomoko Kato

1957-

加藤知子は国際的に活躍するヴァイオリニストだが、大江健三郎の息子の大江光の楽曲の演奏者、というのが一番通りがいいだろう。

若いころ、写真で見ると鼻が横に広がっているような顔だったのだが、テレビで観るとかなり美しくて魅力的に見えたもので、これは録画してあって最近確認した。

大江もたぶん加藤知子が好きで、「独自の生き方」と言っているが、それが具体的にどういうことかは知らない。何か独自なんだろう。

若いころ、民放の番組で女性アナウンサーと話していて、ニューヨークで弦楽四重奏の演奏をしていたら自分の楽譜だけどさっと落としてしまい、拾ったが今どこを演奏しているかわからなくなり、「ええままよ」というので今開いているところを弾いたら、「あってたんですよねー」と語るのが何ともよくって、加藤知子というと「ええままよ」の人だと私は思っていたりする。

かとう ともこ　東京都出身。桐朋学園大学卒業。四歳よりヴァイオリンを演奏。六九年、小学校六年生で全日本学生音楽コンクール全国大会小学生の部第一位、レウカディア賞受賞。八〇年、タングルウッド音楽祭に参加し、メイヤー賞受賞。八一年、文化庁派遣研修員として二年間、ジュリアード音楽院に留学。八二年、チャイコフスキー国際コンクール第二位。国内はもとよりアメリカ、ヨーロッパ、南米、韓国、中国やモスクワなど各地でオーケストラとの共演やリサイタル、室内楽に出演。桐朋学園大学教授。

「朝の歌〜エルガー作品集」演奏＝加藤知子　二〇〇五年　日本コロムビア

ミレッラ・フレーニ

Mirella Freni
1935-2020

私が大学生のころ、ミレッラ・フレーニがタイトルロールを歌うプッチーニの「マノン・レスコー」が来日したので、懸命にとったチケットは三つ目の公演だった。ところが行ってみるとどうも様子が変で、三つ目はフレーニではなかったようだ。オペラの来日公演ではこういうことはよくある。フレーニでチケットをとったのに別に文句も出ないのである。

フレーニは鼻の低い顔だったが、そこに愛嬌があって人気があった。その顔だちは同じオペラ歌手のレナータ・スコットと似ていた。フレーニはニコライ・ギャウロフ（一九二九―二〇〇四）と再婚しているが、ギャウロフは美男だったから、フレーニは面食いだったんではないかとも言われている。

ミレッラ・フレーニ　イタリア・エミリア＝ロマーニャ州モデナ出身。十歳でラジオ局主催のコンクールで「蝶々夫人」を歌い優勝。一九五五年、十九歳の時にモデナの劇場で「カルメン」のミカエラ役を演じオペラの初舞台を踏む。ピアニスト・指揮者・教師であるレオーラ・マジエラと結婚し一女を儲け、しばらく子育てに専念。五八年、トリノのテアトロ・レッジオでの声楽コンクールで優勝し活動を再開。六〇年、グラインドボーン音楽祭での「愛の妙薬」（演出＝フランコ・ゼッフィレッリ）で世界的な評価を得る。六一年には「ファルスタッフ」のナンネッタ役でロイヤル・オペラ・ハウスに初出演、六三年にはゼッフィレッリ演出、カラヤン指揮の「ラ・ボエーム」でミラノ・スカラ座デビュー。六五年にはメトロポリタン歌劇場デビュー。七八年にマジエラと離婚し、八一年にオペラ歌手のニコライ・ギャウロフと結婚。九〇年、イタリア共和国大十字騎士賞受賞。九三年にはレジオン・ドヌール勲章受章。

「マノン・レスコー」歌＝ミレッラ・フレーニ　演奏＝コベント・ガーデン王立歌劇場合唱団　他
一九九五年　ポリドール

烏丸せつこ

Setsuko Karasuma
1955-

五木寛之の原作を烏丸せつこ主演で映画化した『四季・奈津子』（一九八〇）のポスターは、半裸の烏丸が黒海のほとりに立っていて、「君はボスポラスの海を見たか―」というキャッチコピーがついていて、前年のヒット曲であったジュディ・オングの「魅せられて」がエーゲ海をモチーフにしているのと、その年のNHKの「シルクロード」のブームと、その三年前の池田満寿夫の芥川賞受賞作『エーゲ海に捧ぐ』などとリンクして、何とも時代を感じさせるものだった。

翌八一年の映画『マノン』は、東陽一監督、主演が津川雅彦と烏丸で、津川はこれでスケベな中年男の役柄を確立したし、そのポスターのやはり半裸で立っている烏丸が実に色っぽく見えたものであった。

しかしそれから二十年、三十年たって『マノン』を見返したりすると、おい、ちゃんとコンドーム着けてんのか、と言いたくなるようなヤンキーの生活に過ぎず、八〇年代前半というのは、薬師丸ひろ子の『野蛮人のように』（八五）とか、原田貴和子の『彼のオートバイ、彼女の島』（八六）みたいな単に性的にだらしない男女がかっこよくて憧れだった軽薄な時代だったなあと思うのであった。烏丸せつこにしても、特別に美人という顔だちではなかったが、それがあの頃は良かったのである。

からすま せつこ　滋賀県大津市出身。中京大学中退。一九七九年にクラリオンガールに選ばれデビュー。八〇年、『海潮音』で映画デビュー。同年、映画『四季・奈津子』（監督＝東陽一）で初主演。『マノン』『64―ロクヨン―』、テレビドラマ「追う男」「ハチロー～母の詩、父の詩～」、NHK大河ドラマ「功名が辻」などに出演。二〇一九年に滋賀を舞台にした「スカーレット」でNHK連続テレビ小説初出演。一九八〇から八二年までNHK-FMの音楽番組「サウンドストリート」のパーソナリティを務めた。八二年に映画プロデューサーと結婚、一女を儲ける（後に離婚）。二〇一四年にレコード会社ディレクターと再婚。八二年、『駅STATION』で日本アカデミー賞助演女優賞受賞。

『四季・奈津子』監督＝東 陽一　二〇一四年　TOEI COMPANY,LTD.

堀江美都子

Mitsuko Horie

1957-

ミッチこと堀江美都子を美人ではないなどと言ったら日本のみならずフィリピンからもファンが怒って押し寄せてきそうだが、しかしミッチといえば歌は十四歳で「アクビ娘」(「ハクション大魔王　一九七一)を歌ったころから天下一品には違いないが、特別な美人かというと、そう思いたいけれど……、と考えてしまう。「宇宙鉄人キョーダイン」(七六―七七)に出たのや、NHK教育テレビの音楽番組「うたって・ゴー」に立川清登《すみと》と一緒に出ていたのなど(七九、八一)を観ても、やはり考えてしまうが、これはまだ十代から二十代すぎのころだ。自分では太っているということをよく言うが、それはまあ何とかできる範囲のことで、「名犬ジョリィ」(八一―八二)のころは美人で差し支えない。

ミッチといえば「キャンディ♡キャンディ」(七六―)ということになっているけれども、私は「キャンディ」自体は好きだけれどミッチの歌としてはむしろ「ゴレンジャー」(七五)とか「忍者キャプター」(七六)とかの男声に混じっての男の子番組の主題歌におけるそれが一番好きである。これは女声の軍歌が好きなのと似た感じだろう。「ボルテスV」(七七)の歌がフィリピンで受けたのもゆえのないことではなく、あの桃色の鋼のような声は男の子向けアニメに合っているのではあるまいか。

まあ、いずれにせよ「みんながミッチを好きだった」のは事実であろう。

ほりえ みつこ　神奈川県大和市出身。一九六六年、フジテレビ「ちびっこのどじまん」に出場し準優勝。六九年にアニメ「紅三四郎」の主題歌で歌手デビュー。七七年発売「キャンディ♡キャンディ」は一二〇万枚の大ヒットとなった。七八年、「超電磁マシーン ボルテスV」で、女性として初めてロボットアニメ主題歌のメインボーカルを務めた。七六年、「宇宙鉄人キョーダイン」に女優として出演。「アクビ娘」(「ハクション大魔王」エンディング)「進め！ゴレンジャー」「魔法のマコちゃん」「ラ・セーヌの星」「シンドバットのぼうけん」「花の子ルンルン」「走れ！ジョリィ」など数々のアニメソングを歌う。近年は上海、香港、ブラジルなど海外にも活躍の場を広げる。堀江美都子シンガーズラボを主宰しボーカルスクールを運営。

「ベスト・オブ・ベスト 堀江美都子」歌＝堀江美都子　二〇一五年　日本コロムビア

桑野みゆき

Miyuki Kuwano
1942-

桑野みゆきはかつての人気女優だったが、母も戦前の人気女優・桑野通子だったから、子役でデビューした。一九六〇年の『青春残酷物語』で一躍人気スターになったらしいが、私は生まれていないから知らない。六七年に結婚して引退したからますます私は知らないのだが、映画で何度か見てはいるが、そのたびに「これが人気スター？」と疑問に思うほど特別に美人とかかわいいというわけではない。何か田舎の不良少女みたいなんだが、そこが良かったんだろうか、といつも疑問に思っている。母親の桑野通子の出る映画も観たはずだが、別に印象に残っていない。しかし何か当時の青年の心をとらえるものがあったんだろうというかすかな感じだけは伝わってくる。

くわの みゆき　神奈川県横浜市出身。母は女優の桑野通子、父は森永製菓の計画課でデザインや文化事業を手掛けていた斎藤芳朗。三歳で母と死別。一九五四年、『緑はるかに』（監督＝井上梅次）の子役で映画デビュー。『飢える魂』（監督＝川島雄三）、『土砂降り』『波の塔』（監督＝中村登）、『彼岸花』『秋日和』（監督＝小津安二郎）、『モダン道中　その恋待ったなし』（監督＝野村芳太郎　脚本＝野村芳太郎・山田洋次）などで清純な娘役を演じる。六〇年、大島渚監督作『青春残酷物語』『日本の夜と霧』では、破滅的な女性像を演じ新境地を開く。『赤ひげ』（監督＝黒澤明）、『馬鹿まるだし』（監督＝山田洋次）では人妻を演じた。結婚し、六七年に藝能界を引退。

『青春残酷物語』監督＝大島渚　二〇一五年　松竹

斉藤とも子

Tomoko Saito

1961-

斉藤とも子は、私の世代にはおなじみの子役女優である。一九七六年、少年ドラマ「明日への追跡」でデビューとあるが、同じころ朝ドラ「雲のじゅうたん」にも出ている。当時の藝名は友子だった。七七年には大河ドラマ「花神」で吉田松陰の妹を演じ、七九年には山田太一の「男たちの旅路」の「車輪の一歩」で車いすの少女を演じた。

当初はかわいいと思っていたのだが、大人になりつつ考えてみるとそう特別な美少女ではない。とはいえ、中学生だったころ、かわいい同世代の少女として見ていた気持ちは残っているのである。

さいとう ともこ　兵庫県神戸市出身。代々木高等学校中退。一九七六年、NHK少年ドラマ「明日への追跡」でデビュー。NHK連続テレビ小説「雲のじゅうたん」、NHK大河ドラマ「花神」、「ゆうひが丘の総理大臣」、映画『悪魔が来たりて笛を吹く』などの少女役で活躍。その他『ひめゆりの塔』『こむぎいろの天使 すがれ追い』『永遠の0』『野のななのか』などに出演。八七年、芦屋小雁と結婚、一男一女を儲ける（後に離婚）。九九年、大学入学資格検定を経て、東洋大学に入学。二〇〇五年、同大学院社会学研究科福祉社会システム専攻修了。

「ありがとうあなた」歌＝斉藤とも子　二〇一四年　ラグジュアリー歌謡 X Tower to the People

山口いづみ

Izumi Yamaguchi

1954-

山口いづみは、女優だが、最初はアイドル歌手としてデビューしている。その後テレビドラマ「雑居時代」で石立鉄男や浅野真弓と一緒に出ているのを見て、際立って美人というわけではない女優が割と主演っぽい扱いだなあ、と不思議に思っていた。

しかし、一九七五年の歌謡映画『襟裳岬』を観て、私はちょっとこの女優を見直したのである。これは森進一の歌がヒットしたので作られた歌謡映画だが、森進一自身は歌う姿が幻想的に映るだけで、主演は山口いづみ、都会の冴えないOLが、貧しい男と恋仲になり、セックスもする（ここで山口が初ヌードを披露する）のだが、恋人（神有介）は、突然クモ膜下出血で死んでしまい、友人の夏夕介に付き添われ、その遺骨を郷里の襟裳岬までフェリーに乗って持っていくという映画で、最初は三角関係にでもなるのかと思ったらみごとに予想を外されるし、のちの山田太一「男たちの旅路」の「戦場は遙かになりて」の原型みたいだし、ひたすら暗いのだが、見ているとと山口いづみが何だかよく見えてくる。まあ美しく見えてくる映画だからなんだが、存外そういう映画に主演するという機会を得るのは難しいものなのだ。

やまぐち　いずみ　東京都渋谷区出身。小学生のころから劇団小鹿に所属。一九七二年、「続 大奥の女たち」で藝能界デビュー。同年「緑の季節」で歌手デビュー。「雑居時代」「江戸を斬る」「大江戸捜査網」「水戸黄門」「岸辺のアルバム」など多くのテレビドラマに出演。映画『襟裳岬』『家族輪舞曲』、舞台「放浪記」「じゃじゃ馬ならし」などにも出演。八二年に結婚し、二男を儲ける。近年は歌手としてライブ活動も行う。クロアチアのヒット曲を歌った動画がクロアチアの国営放送で紹介され話題になった。

「マイ・フェイヴァリット・ソングス」歌＝山口いずみ　二〇一五年　THINK! RECORDS

夏菜

Natsuna

1989-

私は、NHK朝の連続テレビ小説をずっと観るということは「ひらり」以来ほぼなくて、夏菜が主演した「純と愛」(二〇一二)は、どういう因果か最初から割と面白く観ていたのだが、喫煙シーンが不自然なまでにないので嫌になって途中で観るのをやめた。どうやらこれは評判の悪いドラマだったらしい。

夏菜は、グラビアアイドル的な人だが、一般的に美人というのとは違う、ボーイッシュ枠ということになろう。「らんま1/2」(一一)の実写で女になったらんまを演じていてそれが良かったが、映画『GANTZ』(一一)で、いきなり全裸で転送されてきたのなんか良かったね。

なつな　埼玉県戸田市出身。日出高等学校卒業。二〇〇五年、「野ブタ。をプロデュース」でテレビ初出演。翌年、「ガチバカ!」で渡辺夏菜として女優デビュー。『週刊ヤングジャンプ』のグラビアにも登場。〇九年、映画『GANTZ』に出演し話題を呼ぶ。一二年にNHK連続テレビ小説「純と愛」、一七年に「ハケンのキャバ嬢・彩華」に主演。その他「カルテット」「極悪がんぼ」などに出演。映画では『監禁探偵』『田沼旅館の奇跡』『恋とオンチの方程式』などに主演。舞台「ぬるい毒」(脚本・演出＝吉田大八)にも主演している。「The Covers」「ダウンタウンなう」などバラエティ番組でも人気を得た。二一年に結婚し、同年秋に妊娠を発表。

『夏菜写真集「The Gravure」』著＝夏菜　写真＝立木義浩　二〇一四年　集英社

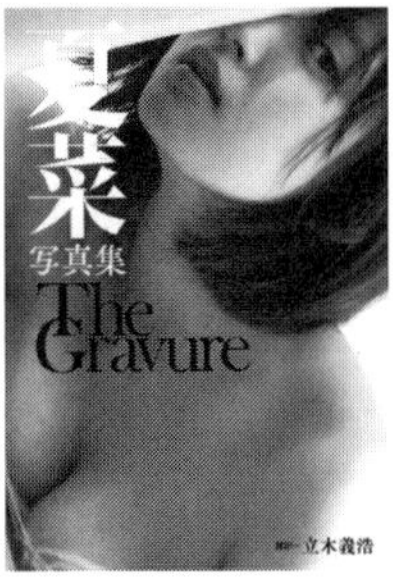

伊佐山ひろ子

Hiroko Isayama

1952-

伊佐山ひろ子は、脇役でよく見る女優だったが、元は日活ロマンポルノの女優である。特に美人ではなく、六角形に近い顔だちをしているが、ある種の色気がある。しかも小説も書き、三島由紀夫賞候補にもなったことがある。

いさやま ひろこ　福岡県福岡市出身。福岡女学院高等学校卒業。一九七〇年、『日本の悪霊』（監督＝黒木和雄）で伊佐山ヒロ子として映画デビュー。七一年、俳優座小劇場付属養成所に入所。七二年、日活ロマンポルノ『白い指の戯れ』（監督＝村川透）で映画初主演。同年に『一条さゆり 濡れた欲情』（監督＝神代辰巳）でも主演。両作で高く評価されキネマ旬報日本映画主演女優賞受賞。その後も映画『君よ憤怒の河を渉れ』『竹山ひとり旅』『ダイナマイトどんどん』『快盗ルビイ』『舟を編む』『そこのみにて光輝く』『沈黙―サイレンス―』『生きちゃった』などに出演。テレビでは「新・座頭市II」、NHK大河ドラマ「獅子の時代」「江」、「あ・うん」「夢千代日記」「北の国から'84夏」などに出演。二〇一一年、『海と川の匂い』が三島由紀夫賞候補作に選ばれた。

『白い指の戯れ』監督＝村川 透　二〇一四年　ハピネット

美保純

Jun Miho
1960-

私が十八歳になって、近所のイトーヨーカ堂にあった書店で、初めてヌード写真集を買ったのが、美保純のものだった。といってものちに現れるようなちゃんとした単行本ではなく、『週刊実話』別冊「ブリリアントな夏」という雑誌状のもので、前半は美保純だったが、後半はあまり美しくないヌードモデルが数人載っているものだった。当時、美保純はにっかつロマンポルノなどに出てはいたが、私は動くのは見たことがなかったから、単に美人だと思っていて、ほどなくその声を聞いてぎょっとしたものである。

はじめは写真だけで知っていると、その外見と声とのギャップはショックである。だが何度も聴いているうちになじむと、今度は単にいい感じのお姉さんに見えてきて、ヌード写真集を利用するような対象ではなくなってしまうのである。

美保純は『男はつらいよ』にも一時レギュラーで出ていたが、マドンナではなく、マドンナ的要素もまったくなく、タコ社長のがさつな娘役であった。山田洋次の妥当な判断だとは思うが、あーそうかー、美保純はマドンナたりえないのかあ、と思った。なお人妻役の美保純が家出して寅さんが迎えに行き、式根島に渡ったところで美保純に惚れてしまい、人妻なので失恋する男を演じているのが田中裕子の弟（田中隆二）である。

みほ じゅん　静岡県出身。静岡精華学園高等学校中退。一九八一年、にっかつロマンポルノ『制服・処女のいたみ』で主演デビュー。八二年、『ピンクのカーテン』でブルーリボン賞新人賞受賞。その他、映画『伊賀忍法帖』『俺っちのウエディング』『それから』『キネマの天地』、『男はつらいよ』シリーズ、テレビドラマ「シャツの店」、「北の国から」シリーズ、「裸の大将」シリーズ、NHK連続テレビ小説「はね駒」「あまちゃん」、「仕掛人・藤枝梅安」シリーズ、「クライマーズ・ハイ」などに出演。「ごごナマ」「バイキング」「5時に夢中!」などバラエティ番組でも活躍。

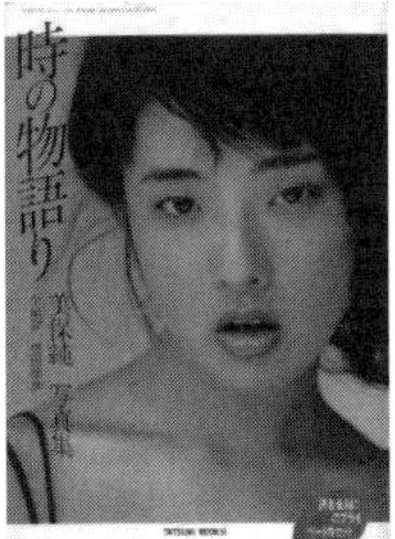

『時の物語り　美保純　写真集』撮影=豊田雅彦　一九八二年　辰巳出版

有吉佐和子

Sawako Ariyoshi
1931-1984

有吉佐和子は、美人というわけではなかった。だが笑顔に愛嬌があった。娘の有吉玉青《たまお》のほうが美人に見える。有吉といえば、華やかな流行作家である一方、純文学業界からははぐれもの扱いされたり、最後は五十三で急死してしまったり、いろいろかわいそうだった。といっても『恍惚の人』の文章はあまりに通俗的でひどい、と思うのだが、才能はあるのにそれがうまく表出されないというところが、もしかするとちょっとは美人かもしれないのにそうは思われなかったというあたりとかぶさって、何だか哀れを催すのである。ここ数年、ぼちぼち読んだりしているが、『ぷえるとりこ日記』や『開幕ベルは華やかに』など、割と面白かった。

ありよし さわこ　和歌山県和歌山市出身。父は銀行勤務で、小学校時代は旧オランダ領東インドのバタヴィアとスラバヤで過ごす。東京女子大学英文学科入学後に休学し同短期大学部英語学科卒業。一九五六年、『地唄』が文學界新人賞候補、芥川賞候補となり作家デビュー。六七年に『華岡青洲の妻』で女流文学賞受賞。七〇年『出雲の阿国』で藝術選奨文部大臣賞、日本文学大賞を受賞。七八年『和宮様御留』で毎日藝術賞受賞。『紀ノ川』『香華』『華岡青洲の妻』『不信のとき』『恍惚の人』『悪女について』などが映像化された。「恍惚の人」は当時の流行語にもなる。ドン・コザック合唱団、ボリショイ・バレエ団、ボリショイ・サーカスなどを日本に呼んだプロモーターの神彰と六二年に結婚し、六四年に離婚。長女は作家の有吉玉青。

『新潮日本文学アルバム　71　有吉佐和子』一九九五年　新潮社

田中裕子

Yuko Tanaka

1955-

私が田中裕子を認識したのは、一九七九年の朝の連続テレビ小説「マー姉ちゃん」での、次女（長谷川町子＝作中では磯野マチ子）役で、美人だし演技がうまいなーとは思ったが、顔だちが地味だから世間では美人とは思われないだろうなと思ったし、うちの母は、この子はうまいけど、主役はできない（顔だちだ）ね、などと言っていた。

ところがそれからあっという間にスターダムにのし上がってしまった。自分が美人だと思うということは他人もそう思うという例で、コン・リーの時も同じだった。だが逆に、自分だけ美人だと思っているという例もあるから、なかなか油断がならない。

たなか ゆうこ　大阪府池田市出身。中学から北海道で育つ。明治大学文学部演劇学科卒業。一九七八年、大学在学中に文学座入団。七九年、NHK連続テレビ小説「マー姉ちゃん」で注目を集める。八一年、『ええじゃないか』『北斎漫画』で日本アカデミー賞最優秀助演女優賞、新人俳優賞受賞。八三年、NHK連続テレビ小説「おしん」で国際的な人気を得る。八三年、『天城越え』でモントリオール世界映画祭主演女優賞受賞。八五年に文学座退団。『男はつらいよ』『カポネ大いに泣く』で共演した沢田研二と八九年に結婚。映画では『嵐が丘』『大阪物語』『夜叉』『共喰い』『おらおらでひとりいぐも』、テレビでは「想い出づくり。」「女の人差し指」「麗子の足」「男どき女どき」「思い出トランプ」「恋子の毎日」、NHK大河ドラマ「翔ぶが如く」、「Mother」「anone」などに出演。八〇年代は歌手活動も行った。二〇一〇年に紫綬褒章受章。

『おしん 2―NHKテレビ・シナリオ 結婚篇』著=橋田壽賀子 一九八三年 NHK出版

江口のりこ

Noriko Eguchi

1980-

江口のりこは、能面のような顔をしているような気がするが、実際の能面はそういう顔をしていない。どちらかというと田中絹代に近い顔だが、田中絹代はああいう目はしていない。ほかに例のあまりない顔つきである。『戦争と一人の女』で主演した際の、そのエロティックな表情が実にすばらしかった。だが、『愛がなんだ』で、年下の男から崇拝される女を演じた時は、役柄ゆえか、ただのだらしない女にしか見えなかった。その後「半沢直樹」で女性大臣役をやった時は、微妙な感じをよく出していたと思う。正直言ってあの江口のりこは、かなり私の好きなタイプであった。

えぐちのりこ　兵庫県飾磨郡出身。一九九九年に劇団東京乾電池の研究生となり、二〇〇〇年に入団。〇二年、『金融破滅ニッポン 桃源郷の人々』で映画デビュー。『月とチェリー』（監督＝タナダユキ）、『砂の影』（監督＝甲斐田祐輔）、『戦争と一人の女』（監督＝井上淳一）で主演。その他、映画では『ジョゼと虎と魚たち』『ソロモンの偽証』『愛がなんだ』、テレビドラマ「時効警察」シリーズ、「コウノドリ」「anone」「海月姫」「半沢直樹」「俺の家の話」などに出演。二〇二〇年、「ソロ活女子のススメ」「SUPER RICH」で連続テレビドラマ主演。『事故物件 恐い間取り』で日本アカデミー賞優秀助演女優賞受賞。

『戦争と一人の女』監督＝井上淳一　二〇一四年　東映

西田尚美

Naomi Nishida

1970-

『ゴジラ2000ミレニアム』（一九九九）では、ヒロイン役で出ていた。私は九五年以来、怪獣映画だけは映画館へ観に行くことにしていたからこれも観に行ったが、特に美人という印象は残らないヒロインだったため、すっかり忘れていた。さらに、唐沢寿明版「白い巨塔」にも出て来たが、このころから、果たして美人なのかどうか、私の中で疑問な女優だったから、『ハチミツとクローバー』（二〇〇六）で影のある美人役で出てきた時には、軽く動揺してしまった。「半沢直樹」二〇二〇年版にも登場していたが、美人にもなれるくらいでなければ女優はダメなんだろうが、なかなか不思議な女優である。とはいえ私は西田尚美が出ると何か気になって、美人であるところを見つけようとしてしまうという、そういう女優である。

にしだ なおみ 広島県福山市出身。文化服装学院卒業。在学中にモデルデビュー。ファッション誌などで活躍。一九九三年、TBS「オレたちのオーレ！」で女優デビュー。九七年、『ひみつの花園』『学校の怪談3』で日本アカデミー賞新人俳優賞受賞。九九年、『ナビィの恋』で報知映画賞助演女優賞、ヨコハマ映画祭助演女優賞受賞。その他、映画『ホテル・ハイビスカス』『釣りバカ日誌14お遍路大パニック！』『ハチミツとクローバー』『南極料理人』『凪待ち』『新聞記者』、テレビではNHK連続テレビ小説「マッサン」、「白い巨塔」「ちゃんぽん食べたか」「凪のお暇」「逃げるは恥だが役に立つ ガンバレ人類！ 新春スペシャル!!」などに出演。NHK「LIFE！〜人生に捧げるコント〜」などバラエティ番組にも出演。二〇〇五年、靴デザイナーの男性と結婚。一女を儲ける。

『ナビィの恋』監督＝中江裕司　二〇〇九年　バンダイビジュアル

チョン・ドヨン

Jeon Do-Yeon
1973-

チョン・ドヨンは韓国の女優で『シークレット・サンシャイン』や、『下女』のリメイク『ハウスメイド』で主役を演じている。韓国女優は整形した美人が多いなどと言われるが、チョン・ドヨンはちょっと違う感じで、人によっては美人ではないと言うだろう顔だちなのだが、私はこういう顔が好みである。

面長で、田舎のおばさんめいた顔にも見える。しかし美人と見る人もいるという顔で、ある種の味わいがある。もっとも『藁にもすがる獣たち』（二〇二〇）では派手なメイクで美人役をやっていたが、この映画は暴力的すぎて気に入らなかった。

チョン・ドヨン　韓国ソウル特別市出身。ソウル藝術専門大学放送演藝科卒業。一九九〇年、ジョンソン&ジョンソンのCMでデビュー。九二年、テレビドラマ「われらの天国」で女優デビュー。九七年、『接続 ザ・コンタクト』で映画デビュー。二〇〇七年、『シークレット・サンシャイン』でカンヌ国際映画祭女優賞受賞。その他、映画『ハッピーエンド』『ユア・マイ・サンシャイン』『ハウスメイド』『マルティニークからの祈り』、テレビドラマ「総合病院」「星に願いを」「プラハの恋人」「オンエアー」「グッド・ワイフ」などに出演。

『シークレット・サンシャイン』監督＝イ・チャンドン　二〇〇九年　エスピーオー

増田明美

Akemi Masuda

1964-

元マラソン選手の増田明美は、一般には美人であると言われているわけではないが、引退後、ふっくらしてきて、永六輔の番組に出たりすると、そうでもない感じがした上に、とにかく声が美しい。「声は絶世の美女」と言ったくらいだが、それに頭もいいし、人柄もいい、ということがわかってきて、私はかなり好印象を抱いている。

ますだ あけみ　千葉県夷隅郡出身。私立成田高等学校卒業。一九八二年、千葉で初マラソンを走り日本最高記録で優勝。八三年、オレゴンTCナイキマラソンで優勝し日本記録更新。八四年のロス五輪は途中棄権となる。八六年、オレゴン大学に陸上留学。九二年、大阪国際女子マラソンを最後に引退。その後はスポーツライターやテレビのレース解説を務める。二〇〇五年、ファイナンシャル・プランナーの男性と結婚。一七年、NHK連続テレビ小説「ひよっこ」のナレーションを務め、体育教師役で出演。大阪藝術大学藝術学部教養課程教授、全国高等学校体育連盟理事、日本陸上競技連盟評議員、日本障がい者スポーツ協会評議員。

「増田明美のウオーキング&ジョギング入門　ＮＨＫ趣味悠々　ムック」二〇〇七年　ＮＨＫ出版

コンセプシオン・マルチェラ・アルヘリオ・イ・モラガ

María de la Concepción Marcela Argüello y Moraga
1791-1857

ニコライ・レザノフというロシヤ人は、一八〇四年に長崎へ来航して、日本との交易を求め、断られた人物として知られている。その後、部下二人に、択捉島を襲撃させてその復讐をしたことも知られている。だがその間にレザノフ自身は、当時ロシヤ領だったアラスカから、イスパニア領だったカリフォルニアへ渡り、そこで保安官の娘で十五歳のコンセプシオン、愛称コンチータと知り合って恋におちる。レザノフの前の妻は露米会社というアラスカあたりまでの商業を請け負う会社の社長令嬢だったが、すでに死んでいた。だがレザノフはロシヤ正教徒、コンセプシオンはカトリックなので、ローマ教皇の許しを得るためモスクワへ戻る途中、レザノフは病死したとも、馬から落ちて死んだとも言われており、コンセプシオンは尼となって生涯一人で暮らしたという。

コンセプシオン・マルチェラ・アルヘリオ・イ・モラガ　アメリカ・カリフォルニア州サンフランシスコ出身。父はスペイン領のアルタ・カリフォルニア総督のホセ・ダリオ・アルゲージョ。レザノフの死後も結婚をせず、修道女になったと言われている。

一八一〇～三〇年ごろ描かれた。
самостоятельнаяработа, Public domain, via Wikimedia Commons

浅茅陽子

Yoko Asaji

1951-

浅茅陽子は、一九七六年、私が中学二年の時のNHK朝の連続テレビ小説「雲のじゅうたん」で女性飛行士のモデルの一人である及位八衣《のぞきやえ》役に抜擢されて世に出た。ところがその六月、『週刊プレイボーイ』が浅茅のヌードを載せたから、新聞広告でそれを見た私は驚いた。朝の連ドラの主演女優がその期間にヌードを出すものか。

だがそれは、実は新しく撮った写真ではなく、前年七五年の「東洋工業」のカレンダーで、『週刊プレイボーイ』は七五年正月にもこれを紹介していたのだった。ああ、無名女優にはこんな仕事もあるのか、というところだが、その逞《たくま》しさには好感を覚えた。美人女優という感じではないが、それからも女優業を続け、中途から声優の仕事が多くなった。

あさじ ようこ　静岡県清水市出身。桐朋学園短期大学卒業。一九七六年、NHK連続テレビ小説「雲のじゅうたん」で主演。七七年にエランドール新人賞受賞。テレビでは「最高の離婚」、「暴れん坊将軍」シリーズ、NHK連続テレビ小説「おしん」「おひさま」「なつぞら」、NHK大河ドラマ「おんな太閤記」、「文吾捕物帳」など、映画は『日本の熱い日々 謀殺・下山事件』『罪の声』などに出演。

『グラフＮＨＫ』特集「雲のじゅうたん　快調スタート」一九七六年四月号　ＮＨＫサービスセンター

八神純子

Junko Yagami
1958-

男名前だが女性の作家・桜庭一樹が直木賞をとったころ、写真が流布したので、人々は、これは美人なのかそうでないのかとまどったであろうが、私はその当時、これは典型的な、美人だと言う人と不美人だと言う人がいる顔だ、と書いたことがあるが、あとで、これと同じ種類の顔だちがあったのを思い出した。それが、一九七八年に「みずいろの雨」をヒットさせた八神純子だったのである。しかし私には二人とも、ある種の情感をかきたてられる顔だちである。

やがみ じゅんこ 愛知県名古屋市出身。愛知淑徳高等学校卒業。父は八神製作所・第四代会長。一九七四年、ヤマハポピュラーソングコンテストに出場し優秀曲賞入賞。世界歌謡祭本選に進出する。同年、「雨の日のひとりごと」でレコードデビュー。七八年、「思い出は美しすぎて」で本格デビュー。同年に発売した「みずいろの雨」が大ヒット。翌年も「素顔の私」「想い出のスクリーン」「ポーラー・スター」がヒットする。八〇年、アメリカにホームステイした後に発売した「パープルタウン〜You Oughta Know By Now〜」もヒットし、年末のNHK紅白歌合戦に出場。八六年、イギリスの音楽プロデューサーと結婚、一女一男を儲ける。アメリカ・ロサンゼルスに在住しながら、現在も帰国してライブ、テレビ出演など音楽活動を行う。

『ポプコン・スーパー・セレクション　八神純子　ベスト』歌＝八神純子　二〇〇三年　キングレコード

松山容子

Yoko Matsuyama
1937-

「ボンカレー」は一九六八年の発売だが、私は七〇年の正月に交通事故にあって大きな町で入院していた時、母が初めてボンカレーを食べさせてくれた。そのパッケージに載っていたのが松山容子で、割烹着を着てボンカレーの中身をご飯にかけているお母さんで、妙に背が高く見えたが、私はこの人は誰だか知らなかった。

それから四十年以上たって、この人が「琴姫七変化」という時代ものドラマで、徳川家斉の姫で、剣の達人で、正体を隠して悪人どもと戦う姫御前版水戸黄門をやっていたことを知った。観てみると、完全な美人というのでもなく、ただ愛らしいが、あまり「ボンカレー」のお母さんと同じ人とは思えなかった。

まつやま ようこ　愛媛県松山市出身。愛媛県立松山南高等学校卒業。高校在学中に『アサヒグラフ』でモデルデビュー、卒業後に松竹ニューフェイスとして入社。一九五七年、『勢揃い桃色御殿』で映画デビュー。映画『番頭はんと丁稚どん』『めくらのお市』シリーズ、テレビ「琴姫七変化」「里見八犬伝」「旅がらすくれないお仙」「遠山の金さん」などに出演。『めくらのお市』「旅がらすくれないお仙」の原作者である漫画家の棚下照生と七一年に結婚。

懐かしい味を再現し、箱ごと電子レンジで調理可能な「元祖ボンカレー」を二〇二〇年に大塚食品が発売。一九六八年に〝世界初の市販用レトルト食品〟として発売した当時、全国に展開された松山容子氏のホーロー看板をパッケージデザインに使用。

column

3

女性の伝記映画

女性伝記映画といっても、私はむしろ明治四十年の吉原を描いた五社英雄の『吉原炎上』が好きで、学生にもよく見せている。

あるいは吉永小百合が与謝野晶子を演じ、松田優作が有島武郎を演じた『華の乱』も、一部幻想的な両者のからみがあってこれはフィクションだし、与謝野晶子はこんな美人ではなかったのだが、好きな映画である。しかし、伊藤野枝や管野スガなど反体制活動をした人は未だ映像化しにくいらしくあまり見当たらない。

西洋では女性の伝記というと、むやみとクララ・シューマンのものが多く、ブラームスとの恋愛を描いていたりするがそれは事実ではない。

むしろＮＨＫの朝の連続テレビ小説や大河ドラマの女性ものに秀作がある。三田佳子が日野富子を演じた「花の乱」は、さっきあげた吉永小百合のと題名が似ているが市川森一脚本で私はわりあい好きである。

あと四年にわたって放送されたトルコの大河ドラマ「オスマン帝国外伝」は、十六世紀オスマン・トルコでスレイマン皇帝の正妃となったヒュッレム（ロクセラーナ）を主人公に、それまで皇帝妃といえど奴隷身分であったのを改めた人物を描いているが、陰謀や暗殺すらやらかす怖ろしい女の話で、だがまことに楽しい日々を過ごさせてもらった。

浅田次郎原作の『蒼穹の昴』のドラマもあるが、清朝末期を描いて、西太后を田中裕子が演じていたのが、それまでのでっぷりした西太后とは違った趣があった。あるいはコン・リーが劉邦の妻呂后を演じた映画『項羽と劉邦／その愛と興亡』も私の好きな映画である。

ジュディ・デイヴィス

Judy Davis
1955-

デヴィッド・リーンの映画『インドへの道』（一九八四）でヒロインのアデラ・ケステッドを演じたのがジュディ・デイヴィスだが、それ以外はあまり目立った役をやっていない、オーストラリアの女優である。

『インドへの道』は英国の作家E・M・フォースターの代表作で、一九五二年に翻訳は出たものの、あまり日本では人気が出なかったのだが、リーンに続いてジェームズ・アイヴォリーが『眺めのいい部屋』を映画化（八六）するとフォースターのブームのようなものが起きたのは、何だったのだろう。

まず『インドへの道』のアデラ・ケステッドというのが、英国人女性で、インド人に濡れ衣を着せるという悪役になっているところが、映画化に時間がかかったゆえんだろう。私にはこのアデラは魅力的に見えたのだが、扱いは必ずしもそうではなく、胸があまり大きくないなどということを原作でも言われている。

ジュディ・デイヴィス　オーストラリア・西オーストラリア州パース出身。一九七七年、オーストラリア国立演劇学院卒業。七九年、『わが青春の輝き』で英国アカデミー賞主演女優賞受賞。八四年、『インドへの道』（監督＝デヴィッド・リーン）に出演、アカデミー主演女優賞ノミネート。九二年、『夫たち、妻たち』（監督＝ウディ・アレン）に出演、アカデミー助演女優賞ノミネート。その他、映画『バートン・フィンク』『裸のランチ』『マリー・アントワネット』などに出演。テレビドラマ「ジュディ・ガーランド物語」でエミー賞受賞。八四年、俳優のコリン・フリールズと結婚、一男一女を儲ける。

『インドへの道』監督＝デヴィッド・リーン　二〇一七年
20世紀フォックス・ホーム・エンターテイメント・ジャパン

クレア・フォイ

Claire Foy
1984-

クレア・フォイは、英国の新進の女優で、英国王室を描いた「ザ・クラウン」(二〇一六)で、エリザベス二世の若いころを演じて好評を得たが、私はそれより先に、ディケンズ原作の「リトル・ドリット」(二〇〇八)の主役を演じたのを観て気に入り、「ザ・クラウン」のほうも観た。

かっちりとした美人ではなく、むしろ誠実な感じが伝わってくる顔だちなので、今のところ日本ではあまり知られていないようだが、これからもっと人気が出るといいなと思っている。

クレア・フォイ　イギリス・ストックポート出身。二〇〇八年、BBC「ビーイング・ヒューマン」シリーズで女優デビュー。一一年、『デビルクエスト』(監督=ドミニク・セナ)で映画デビュー。一五年、BBC「ウルフ・ホール」でアン・ブーリンを演じ英国アカデミー賞女優賞ノミネート。一六年、Netflix「ザ・クラウン」でエリザベス二世を演じ、ゴールデングローブ賞女優賞、全米映画俳優組合賞女優賞受賞。一八年には同シリーズでエミー賞受賞。映画『ブレスしあわせの呼吸』『アンセイン ~狂気の真実~』『ファースト・マン』に出演、『蜘蛛の巣を払う女』で主演。一四年、俳優のスティーヴン・キャンベル・ムーアと結婚、一女を儲けた。

「ザ・クラウン」二〇一六年　写真：Everett Collection／アフロ

アンナ・マックスウェル・マーティン

Anna Maxwell Martin

1977-

ディケンズの最高傑作とされる長編『荒涼館』は、二〇〇五年のテレビドラマ化もすばらしかったが、そこで主役のエスター・サマソンを演じたのがアンナ・マックスウェル・マーティンで、美人ではない上に後半では疱瘡《ほうそう》を患ってあばた面になってしまうが、清潔感が漂っていて好演ったらなかった。今では字幕版も出ているが、私は字幕がないころに輸入版で観て、きついロンドン訛《なま》りがほとんど聞き取れない中で観たものである。

ほかにテレビ・映画にも多数出演しているのだが、映画『ジェイン・オースティン　秘められた恋』(〇七)でジェインの姉カッサンドラの役を好演しており、ジェイン役のアン・ハサウェイよりアンナのほうがジェイン・オースティンらしく見えた。日本でも配信されたテレビドラマ「グッド・オーメンズ」にチョイ役で出ていたが、今のところシットコム「マザーランド」の主演が続いており、これは日本では理解しづらいから輸入されないだろう。

アンナ・マックスウェル・マーティン　イギリス・ヨークシャー州ビヴァリー出身。リヴァプール大学卒業後、ロンドン音楽演劇藝術アカデミーで学ぶ。二〇〇五年にBBC「荒涼館」、〇八年にBBC「ポピーシェイクスピア」で英国アカデミー賞最優秀女優賞受賞。その他、テレビでは「ドクター・フー」「北と南」「そして誰もいなくなった」「フランケンシュタイン・クロニクル」「グッド・オーメンズ」、映画では『あなたを抱きしめる日まで』『どん底作家の人生に幸あれ！』などに出演。一七年から「マザーランド」で主演。『ノッティング・ヒルの恋人』『恋とニュースのつくり方』などの映画監督、ロジャー・ミッシェルと〇二年に結婚、二女を儲けたが後に離婚。

「荒涼館」監督＝ジャスティン・チャドウィック、スザンナ・ホワイト二〇一四年　IVC,Ltd.

メアリー・マクドネル

Mary McDonnell
1952-

『ダンス・ウィズ・ウルブス』に出演して評価されたというが、私はあの映画が好きではないし覚えていない。むしろテレビシリーズの宇宙もの「ギャラクティカ」のローラ・ロズリン大統領役で知っている。教育庁長官だったのが、人類の敵になったサイロンの攻撃で大統領以下継承順位四十三位まで死んでしまったので大統領になったという設定で、体はガンに侵されているがサイロンとの戦いを指揮するというあたりがいい。もっともこれは普通に美人の人である。

メアリー・マクドネル　アメリカ・ペンシルベニア州出身。ニューヨーク州立大学フレドニア校卒業。一九八一年、「静物」でオビー賞最優秀女優賞受賞。舞台とテレビで活躍した後、九〇年、『ダンス・ウィズ・ウルブズ』（監督＝ケビン・コスナー）で映画デビュー、アカデミー助演女優賞にノミネート。映画では『スニーカーズ』『インデペンデンス・デイ』『ドニー・ダーコ』『スクリーム4』など、テレビドラマでは「GALACTICA／ギャラクティカ」「グレイズ・アナトミー」「クローザー」「ファーゴ」などに出演。

「ＧＡＬＡＣＴＩＣＡギャラクティカ　結：ｓｅａｓｏｎ４　ＶＯＬ・10」監督＝マイケル・ライマー
二〇〇八年　デイライト

グレイス・パーク

Grace Park

1974-

韓国系カナダ人の女優。本姓は朴。これも要するに美人である。「ギャラクティカ」で、戦闘員として登場するが、サイロンの中には人間と同じ姿形をした者がいるという設定で、自分自身がサイロンであることを知らず、ほかにも同じ顔のサイロンがいるという難役であった。美人なんだが、ごつい顔だちをしているのですぐにはそう見えず「えっ？」となる感じである。

グレイス・パーク　アメリカ・ロサンゼルス出身。カナダで育つ。ブリティッシュ・コロンビア大学で心理学の学位を取得。モデルとして活動した後、カナダのテレビドラマ「エッジモント」に出演。映画『ロミオ・マスト・ダイ』『リアム16歳、はじめての学校』、テレビドラマ「GALACTICA／ギャラクティカ」「HAWAII FIVE-0」などに出演。二〇〇四年、不動産ディベロッパーの男性と結婚、一男を儲ける。バンクーバー在住。

「GALACTICA ギャラクティカ　結：season4　VOL・8」監督＝マイケル・ライマー
二〇〇八年　デイライト

桑原友美

Tomomi Kuwahara

1955?-

私が子供のころ好きで観ていた「ジャイアントロボ」で、ユニコーン団のU6、マリー花村を演じていた子役だが、生年は正確にはわからないしその後のことも不明。数か国語を操る天才少女という設定で、私は何だかわくわくして観ていた。小太りで特別に美少女というわけでもないのだが、何か男の子ごころをそそるものがあったのは確かである。

くわはら　ともみ　一九六〇年代に子役として活躍。テレビドラマ「キャプテンウルトラ」「ジャイアントロボ」「エプロン父さん」などに出演。雑誌『なかよし』『マーガレット』などのモデルも務めた。レコード「ゆめのバレリーナ」「パパのおくりもの」「世界おとぎめぐり」などを発売し歌手としても活動。

「ジャイアントロボ」一九六七年　東映ビデオ

北村佳子

Yoshiko Kitamura

1958-

「シルバー仮面」（一九七一）は、「ミラーマン」の裏番組だったから、初回放送では観ておらず、再放送で観たが、その後半に津山博士（岸田森）の娘のリカちゃんとして登場した。兄弟の叔父の大原（玉川伊佐男）が兄弟につらく当たるので、息子の紀久男が苦しんでいるのをかばう姿が凜々《りり》しくてかわいかった。その最終回で、春日兄弟がアンドロメダへの旅に出る時、兄弟だけでは往復八十年の旅はもたないというので、リカちゃんと紀久男を連れて行くという展開に、たぶん小学校六年生くらい（で再放送を観た）の私は胸をときめかせたものである。

きたむら よしこ　子役として活躍。テレビドラマ「シルバー仮面」「超人バロム・1」に出演。映画『大日本スリ集団』（主演＝小林桂樹　六九）にも出演。

「シルバー仮面」一九七一年　ハミング

リタ・トゥシンハム

Rita Tushingham

1942-

私が大学へ入って初めて受けた英語の授業が、当時有名だった小田島雄志先生の『蜜の味』の講読だった。これはシーラ・ディレイニーという女性が十八歳で書いた奇跡と言われた作品で、貧しい家庭に育つ若い女を描いた自伝的なものだったが、何のことはない、小田島先生が翻訳したのが晶文社から出ており、みんなそれを買ったのである。

この『蜜の味』は一九六一年にトニー・リチャードソンによって映画化され、主役のジョーを演じたのが当時十九歳のリタ・トゥシンハムであった。のちリタはデヴィッド・リーンの『ドクトル・ジバゴ』にも出演していた。

リタ・トゥシンハム　イギリス・リヴァプール出身。舞台で活動した後、一九六一年、トニー・リチャードソン監督『蜜の味』主演で映画デビュー、英国アカデミー賞新人賞、カンヌ映画祭最優秀女優賞受賞。六二年に主演した映画『レザーボーイズ』は、ザ・スミス「Girlfriend in a Coma」(八七)のミュージックビデオにも使われた。六五年、アカデミー賞脚色賞・撮影賞などを受賞した『ドクトル・ジバゴ』(監督＝デヴィッド・リーン)への出演、カンヌ国際映画祭グランプリを受賞した『ナック』(監督＝リチャード・レスター)の主演で注目を集める。『ナック』は日本では九一年に六本木シネヴィヴァンでリバイバル上映され人気を得る。映画『狼たちの影』『アンダー・ザ・スキン』『華麗なる恋の舞台で』『ラストナイト・イン・ソーホー』、テレビドラマ「みどりの瞳」「アガサ・クリスティー ミス・マープル シタフォードの謎」などに出演。六二年に写真家のテリー・ビックネルと結婚、二女を儲け、後に離婚。八一年、『狼たちの影』『赤毛のアン』などの撮影監督を務めたイラク生まれのウサマ・ラウィと結婚し、後に離婚。現在のパートナーはドイツ人の作家、ハンス・ハインリッヒ・ジーマン。

『ナック』監督＝リチャード・レスター　一九六五年
20世紀フォックス・ホーム・エンターテイメント・ジャパン

アストリッド・リンドグレーン

Astrid Anna Emilia Lindgren

1907-2002

リンドグレーンは、スウェーデンの児童文学作家で、『長くつ下のピッピ』で知られる。若いころの写真を見るとなかなか美人でもあり、フィンランドのトーベ・ヤンソンや、スウェーデンのノーベル賞作家ラーゲルレーフとともに、北欧児童文学の一翼を担っている。

北欧になぜ女性の児童文学作家が多いか、といっても、実際にはドイツ、英国などヨーロッパ北部は児童文学が盛んなので、そこへたまたま北欧で女性作家が数人傑出しているということになろうか。

『長くつ下のピッピ』は、私が子供のころ、NHKの少年ドラマで二度放送された(一九七五と七六年)。これはインゲル・ニルソンが主演し、キャロライン洋子が吹き替えをして主題歌も歌ったもので、原典は一九六九年のものだ。

あと『いたずらっ子エミール』も七六年に少年ドラマで放送されている。こちらは当初『エーミール』として紹介され、ドラマでは『エミール』、その後岩波書店では『エーミル』表記の新訳が出ている。

また高畑勲、宮崎駿、小田部羊一らが七〇年代前半に『ピッピ』のアニメ化を計画していたが、リンドグレーンとの意見があわずに流れたことも知られており、その時作ったピッピのキャラクターが『パンダコパンダ』のミミちゃんになったことも知られている(高畑・宮崎・小田部『幻の長くつ下のピッピ』岩波書店）。

アストリッド・リンドグレーン　スウェーデン・ヴィンメルビュー出身。地元の新聞社に就職し、編集長との間に一男を儲け未婚のまま出産。ストックホルムでタイピストと速記者の技術を学び、働きながら息子を育てる。王立自動車クラブで秘書として働き、一九三一年に上司と結婚。三四年、長女を出産する。出版社が開催したコンペティションで一位を獲得し四五年に『長くつ下のピッピ』を刊行。五六年、ドイツ語版『ミオ、わたしのミオ』がドイツ児童文学賞を児童書部門で受賞。五八年、『さすらいの孤児ラスムス』で国際アンデルセン賞受賞。七六年、自分の所得に一〇二％の税金がかけられていることへの抗議を童話にして発表、議会で論議を呼び、その年の選挙で社会民主党政権が敗退するきっかけとなる。七八年、ドイツ・ブックトレード平和賞を受賞した際、子供の体罰に反対するスピーチを行い、翌年の法改正でスウェーデンが世界初の体罰禁止国となった。動物の保護についても記事を執筆し、動物保護法の改正につながる。九四年、ライト・ライブリフッド賞受賞。『やかまし村の子どもたち』『ロッタちゃん』『名探偵カッレくん』『おもしろ荘の子どもたち』『エーミル』などのシリーズをはじめとする著書は世界の七十ヶ国語以上に翻訳され、一〇〇以上の国で出版されている。

『リンドグレーンの戦争日記 1939-1945』著＝アストリッド・リンドグレーン 訳＝石井登志子
二〇一七年 岩波書店

トーベ・ヤンソン

Tove Jansson
1914-2001

世界中で絶大な人気を誇る『ムーミン』の生みの親で、フィンランド在住だがスウェーデン系で、スウェーデン語で書いたため、入試問題に「ムーミンのふるさとは」という問題が出て、フィンランドかスウェーデンかで議論になったこともある。私は大学一年の時、田中三千夫（一九二三―一九九九）という英語の先生のスウェーデン語の授業に出ていたが、ドイツ語の親戚のようなものだから、ウラル＝アルタイ語系のフィンランド語のように難しくはない。

トーベ・ヤンソンはレズビアンとしても知られており、父は彫刻家で、『彫刻家の娘』という自伝的著作もある。美人というわけではないが、伝記映画が公開されたり、エッセイや評伝が長く読み継がれたり、『ムーミン』のみならずヤンソン自身の生き方や人柄も興味を持たれ、人気がある。

『たのしいムーミン一家』に始まる、ムーミンものの原作は講談社から出ていたが、これはものによって色あいがかなり違い、私は小学生のころ『ムーミン谷の仲間たち』という箱入りの本を買ってきて読んで、その「純文学」ぶりにたまげたことがある。のち大学生のころにこちらは全部読んだが、ほかに弟のラルスが描いた大量のムーミン漫画があって、筑摩書房から全部が翻訳されて出たが、これが日本人からすると珍妙で、四コマの連載なのだが話が続いていくという独特の形式で、皮肉や政治風刺も入っていてとうてい子供にわかるシロモノではなかった。日本のアニメ「ムーミン」がフジテレビで始まったのは六九年で、その当時出たあちらの漫画を英語から翻訳したらしいものを買ってきて、読んだらわけがわからなかったことがあった。だがアニメのほうは、そういう原作の皮肉なところを削ぎ落として子供向けに作り替えていたので、のちヤンソンの怒りをかったと言われている。

「ムーミン」といえば人気があるのはスナフキンだが、これは英訳表記で「かぎ煙草のおじさん」という意味で、原典ではスヌスムムリクといい、日本で「ニョロニョロ」と呼ばれているのも原典ではハッティフナットという。禁煙ファシズム発祥の地は北欧で、ノルウェー総理だったグロ・ハルレム・ブルントラントが広めたのだが、その北欧でひどいタバコ喫《す》いとされるスナフキンが生まれたのも皮肉である。

トーベ・ヤンソン　フィンランド・ヘルシンキ出身。父はラハティ市庁舎公園やカイサニエミ公園にある彫像を作った彫刻家のヴィクトル・ヤンソン。母は二百以上の切手をデザインした商業デザイナーのシグネ・ハンマルステン・ヤンソン。兄のペル・ウーロフ・ヤンソンは写真家、弟のラルス・ヤンソンは漫画家。ストックホルム工藝専門学校、フィンランド藝術アカデミー美術学校、パリ国立高等美術学校などで学ぶ。左翼的な雑誌『ニィ・ティード』の編集長で国会議員だったアトス・ヴィルタネンと一九四三年ごろに恋人関係になる。『ムーミン』のスナフキンはヴィルタネンをモデルにしているという説がある。四五年、『小さなトロールと大きな洪水』を出版。『ムーミン谷の彗星』（四六）、『たのしいムーミン家』（四八）で注目される。五二年ごろにヴィルタネンと別れ、生涯のパートナーとなるグラフィックデザイナーのトゥーリッキ・ピエティラと出会う。七〇年に最後のムーミンの本『ムーミン谷の十一月』を出版した後、エッセイや小説を出版。六六年、国際アンデルセン賞受賞。

『ムーミンの生みの親、トーベ・ヤンソン』著＝トゥーラ・カルヤライネン　訳＝セルボ貴子、五十嵐 淳
二〇一四年　河出書房新社

セルマ・ラーゲルレーヴ

Selma Lagerlöf
1858-1940

ラーゲルレーヴは『ニルスのふしぎな旅』で知られるが、大人の文学も書く人で、ノーベル文学賞はその一つ『イェスタ・ベルリング物語』で受賞したものである。

『ニルス』は一九一八年に『飛行一寸法師』として訳した香川鉄蔵がそれから長い年月をかけて訳したものが一九八二年に出るまで、完訳がないくらい長かった。NHKでアニメ化したこともあり、ゴダイゴの主題歌は有名だが、中身は私には退屈だった。

大江健三郎は子供のころ『ニルス』を愛読したが、それは女であるらしいアッカ隊長とニルスの関係がエロティックに見えたからだと言っている。ノーベル賞の受賞講演でも、スウェーデンに配慮して『ニルス』の話をしているが、日本にはこういう文学はあるかと訊かれ、懸命に『源氏物語』の中を探して、「幻」の巻で、紫上が死んだのを悲しんで光源氏が「大空をかよふまぼろし夢にだに見えこぬ魂の行く方たづねよ」と歌を詠むところがそうだ、と言った。

セルマ・ラーゲルレーヴ　スウェーデン・ヴェルムランド地方スンネ出身。父は元軍人、母は鋳造所を経営する裕福な商人の娘。股関節形成不全で生まれ、子供のころは足が不自由だった。自宅で英語、フランス語を学んでいたが、経済的に苦しくなった家計を助けるため一八八二年に父の反対を押し切りストックホルムの高等師範学校に入学。八五年、教師として働き始めてからしばらく後に父が死去。九〇年、教師として働きながら執筆した小説『イェスタ・ベルリング物語』が懸賞雑誌の一位に入選。女性解放運動家のアドレルスパレ男爵夫人の援助を受けながら九一年に『イェスタ・ベルリング物語』刊行。九四年、『見えざる絆』が売れたため、教師をやめて専業作家になり、以降、次々と作品を発表。一九〇一年、『エルサレム』で第一回ノーベル文学賞候補となる。同年、国民学校教員協会から国土を理解する目的の学校読本の執筆を依頼され、〇六年に『ニルスのふしぎな旅』を刊行。〇七年、ウプサラ大学名誉博士号を贈られ、〇九年に女性初のノーベル文学賞を受賞。一四年には女性で初めてスウェーデン・アカデミーに選出される。女性解放運動の象徴的な存在となり、一一年、国際女性参政権会議で講演を行う。一八九四年に出会った作家のソフィー・エルカンとパートナーとして親密な関係を生涯築いたが、助手となったヴァルボリ・オーランデルとの間にも友情と愛情に満ちた手紙が残されている。『ニルス』に登場するネースの手工講習所の「若主人」のモデルとなったオットー・ソロモンの妹がエルカンである。日本ではその他『幻の馬車』『沼の家の娘』『ダーラナの地主館奇談』『モールバッカ　ニルスの故郷』『愛のふるさと』『キリスト伝説集』などが翻訳・刊行されている。『イェスタ・ベルリングの伝説』『沼の家の娘』『エルサレム』などが映画化され、『ニルスのふしぎな旅』はソ連でもアニメ化された。

一九二二年撮影。 Atelje Jaeger, Public domain, via Wikimedia Commons

パール・バック

Pearl Buck
1892-1973

川端康成は、英訳者であるサイデンステッカーと知り合って初めて出した手紙の宛名を「ザイデンストリッカー」と書いているが、これはおそらくパール・バックの旧姓サイデンストリッカーと同じだと思ったからだろう。

パール・バックは中国の農民を描いた『大地』で、一九三八年にノーベル文学賞を受賞しているが、この時まだ四十六歳である。ノーベル賞委員会としては中国の作家に与えたかったのだが、魯迅がすでに三六年に死んでいて、適当な作家がいなかったので、代わりに中国を描いたバックに授与したと言われている。バックは戦後、自作の映画化のために一九六〇年に来日し、川端や大佛次郎に会ったり、歌舞伎座で中村歌右衛門の「娘道成寺」を観たりしている。

もっともバックは反共主義者で、中華人民共和国には冷淡だったから、左翼の批評家にはバックを無視する人もいて、ジョアナ・ラスは『テクスチュアル・ハラスメント』として訳された、女性作家は否定されるという趣旨の著書で、自分でパール・バックは無視黙殺している。

パール・バック アメリカ・ウェスト・バージニア州ヒルスボロ出身。プロテスタント南長老ミッション派の宣教師の両親と共に生後すぐに中国江蘇省の鎮江に移住。英語と中国語を話す。一九一一年、アメリカに戻り、ランドルフ・

メイコン女子大学を卒業。宣教師として中国に戻る。一七年、農業経済学者で宣教師のジョン・ロッシング・バックと結婚し、一女を儲ける。南京大学、金陵女子大学、国立中央大学で英文学を教えていたが、母の死後にアメリカに戻り、コーネル大学で修士号を取得。二七年には、南京事件から避難して一家で日本に住んだ。三〇年、『東の風、西の風』で作家デビュー。翌年『大地』が大ベストセラーとなり、三二年にピュリッツァー賞受賞。三二年、ニューヨークでのスピーチが長老派の聴衆に批判され宣教師を辞任。三五年、ジョンと離婚してアメリカに移住し、出版エージェントのリチャード・ウォルシュと結婚。三八年にノーベル文学賞受賞。公民権運動や男女同権修正案運動に尽力。第二次世界大戦中は親中派として中国人排斥法撤廃を訴え、移民排斥法撤廃に影響を与えた。四九年、人種を問わない国際的な養子縁組機関であるウェルカムハウスを設立。六四年には、アメリカ兵とアジア人女性の間に生まれた子供達を救済するための財団を設立。当時、七十一歳だったバックは、三十代の元ダンス教師のテオドール・ハリスと再婚、財団の運営を任せるが、晩年は財団内部の金銭トラブルや性的虐待の問題が報道された。二〇一二年、死後四十年経って遺作『終わりなき探求』が発見され日本でも翻訳出版された。『大地』(監督＝シドニー・フランクリン　三七)、『大津波』(監督＝テッド・ダニエルスキー　特撮監督＝

円谷英二　六一）（『誘惑の夜』（監督＝レオ・マッケリー　六二）、『楽園の女』（主演＝ウィレム・デフォー　二〇〇一）などが映画化されている。

『私の見た日本人』著＝パール・バック　監修＝丸田宏　訳＝小林政子　二〇一三年　国書刊行会

イーディス・ウォートン

Edith Wharton
1862-1937

私はウォートンの短編「ローマ熱」を英語の授業に使ってもう二十回くらい読んでいる。学生の反応がそれぞれ違うから飽きないのだが、これは英語で読まないと本当の味わいがわからないという点でも名作であり名教材である。

ウォートンには長編の傑作として『エイジ・オブ・イノセンス』があり、ウィノナ・ライダーやミシェル・ファイファーが出て映画化されているが、これもぜひ人に読ませたい名作である。ほかにも『歓楽の家』が映画化されているが、日本で公開されていないから、原語版のDVDを入手して観た。

イーディス・ウォートン　アメリカ・ニューヨーク州ニューヨーク出身。裕福な家庭に生まれる。十五歳で雑誌『アトランティック・マンスリー』に詩が掲載され、一八七九年から仮名や匿名で雑誌に詩を発表し始める。八五年、エドワード・ウォートンと結婚。八九年に詩が雑誌『スクリブナーズ・マガジン』『ハーパーズ』『センチュリー』に掲載され、九〇年、『スクリブナーズ・マガジン』に短編小説が掲載される。九九年に最初の短編集『大いなる傾向』を出版。一九〇五年に『歓楽の家』がベストセラーとなる。夫の精神の病、自身の情緒不安定を抱え結婚生活が破綻し、ヘンリー・ジェイムズの紹介で知り合ったジャーナリストのモートン・フラートンと親密になる。夫とは別居生活を経て、一三年に離婚。『エイジ・オブ・イノセンス』で二一年に女性で初めてピュリッツァー文学賞受賞。『エイジ・オブ・イノセンス』『歓楽の家』『月下の光景』『子供たち』『マースの家』などが映画化されている。

一八八九～九〇年ごろ撮影。 E. F. Cooper, Newport, Rhode Island - Beinecke Rare Book & Manuscript Library, Yale University ／ Wikimedia Commons

クラリッセ・リスペクトル

Clarice Lispector
1920-1977

一世を風靡したラテンアメリカの作家の中で珍しい女性作家がリスペクトルである。ウクライナのユダヤ人家庭に生まれ、生後間もなくブラジルに移住したので、ブラジル育ちである。前衛的な作風で、広くは読まれていないが、最近も新しい翻訳が出た。ブラジルの作家だからポルトガル語で書いている。顔はちょっとキツネ目の女風で、いかにも女性作家という顔をしている。

クラリッセ・リスペクトル　ウクライナ・ポジーリャ出身。ユダヤ人家庭で育つ。第一次世界大戦の戦乱を避けて家族でブラジルに移住。ブラジル大学法科大学院に在学中に小説の執筆を始め、一九四三年に発表した『Perto do coração selvagem』で高く評価され、グラッサ・アラニャ賞受賞。外交官の男性と結婚、二男を儲ける。四四年からヨーロッパとアメリカで暮らしたが、五九年に離婚してリオ・デ・ジャネイロに戻り、『家族の絆』『GHの受難』を発表。六六年、睡眠薬を飲んだ後、タバコで火事が起き、重症を負う。『星の時』が八五年に映画化され、主演女優がベルリン国際映画祭で銀熊賞女優賞を受賞し話題となる。雑誌『ウォール・ストリート・ジャーナル』が「ブラジルのヴァージニア・ウルフ」と紹介し、オルハン・パムクが「二十世紀の最も謎めいた作家のひとり」と評価する。

『星の時』著＝クラリッセ・リスペクトル　訳＝福嶋伸洋　二〇二一年　河出書房新社

平岩弓枝

Yumie Hiraiwa
1932-

文化勲章受章作家で、二十七歳で直木賞を受賞した人気作家である。特に美人と言われているわけではないが、若いころの写真を見ると、けっこうかわいい。世間的にはＮＨＫで長期ドラマ化された「御宿かわせみ」で知られ、私も初期の真野響子・小野寺昭時代にはちょっと観ていた。曲亭馬琴を探偵役にした『へんこつ』（一九七五）という時代推理小説も書いているので、私が『馬琴綺伝』を書いた時はお送りしたかもしれない。山の手の宮司の一人娘で「お宮の弓ちゃん」と呼ばれて育ち、二十代で直木賞をとるなどという才女だが、自伝『極楽とんぼの飛んだ道』を読んでいたら、子供のころ新しい環境になじむのに時間がかかる性質《たち》で、新しい学校へ行っても慣れるまで数年かかったと書いてあって、そこは私と同じだなあ、と思ったものである。

実は私が中学三年生の時、平岩原作の『女の河』がドラマ化されて、竹下景子がヒロイン格で出演し、新聞の二面の下のほうの書籍の広告に竹下景子の顔写真が載っており、それで竹下景子のファンになったという経緯があった。その時、恥ずかしいことだが竹下景子を平岩弓枝の写真と勘違いしたということもあった。

ひらいわゆみえ　東京府東京市渋谷（現・東京都渋谷区）出身。代々木八幡宮の一人娘として生まれた。一九五五年、日本女子大学国文科卒業。戸川幸夫、長谷川伸に師事。同じく長谷川に師事する先輩の伊東昌輝と結婚、一女を儲ける。五九年、『鏨師』が直木賞受賞。『御宿かわせみ』などがベストセラーとなる。『女と味噌汁』『肝っ玉かあさん』などが映像化される。自身でも「女と味噌汁」「肝っ玉かあさん」「ありがとう」、NHK大河ドラマ「新・平家物語」などの脚本を手掛ける。七九年にNHK放送文化賞、八六年に菊田一夫演劇賞大賞、八九年に日本文藝大賞、九〇年に『花影の花』で吉川英治文学賞、九八年に菊池寛賞、二〇〇八年に『西遊記』で毎日藝術賞受賞。一九九七年に紫綬褒章、二〇一六年に文化勲章受章。

平岩弓枝
嘘かまことか
神様の書かれたシナリオを大根役者の私が演じてきた。
『御宿かわせみ』の作者による
もうすぐ九十歳の
幸福エッセイ！

『嘘かまことか』著＝平岩弓枝　二〇二一年　文藝春秋

坂東眞砂子

Masako Bando
1958-2014

坂東眞砂子は、さほど目立たない日本ホラー系の直木賞作家だった。ところが二〇〇六年、タヒチ島に住んでいた坂東は、飼っている猫たちに去勢手術を施しておらず、結果として子猫がたくさん生まれるので、海に向かう崖から突き落として殺しているというエッセイを発表し、これが多くの猫好きの怒りを買って論争にまでなった。坂東は「性」を重んじる立場から、去勢という手段を取りたくなかったと言ったが、猫好きたちは騒ぎ立てた。

もっとも私はその時、坂東の写真を見て、ああこの人は美しい、と思っていたのである。一般には美人と言われているわけではないのだろうが、菩薩顔というか、フェロモンを放つ顔だちをしている、ということを考えていた。

だがそれから八年後、坂東は五十代で忽然とガンのために死去してしまった。

ばんどう まさこ　高知県高岡郡出身。奈良女子大学家政学部住居学科卒業。イタリアに留学し、ミラノ工科大学などで建築や舞台美術を学ぶ。一九八二年、「イタリア女の探しもの」でノンノ・ノンフィクション賞、「ミルクでおよいだミルクひめ」で毎日童話新人賞優秀賞受賞。九三年に『死国』『狗神』が話題となり後に映画化。九四年に『蟲』で日本ホラー小説大賞佳作、九六年に『桜雨』で島清恋愛文学賞、九六年に『山妣』で直木賞、二〇〇二年に『曼荼羅道』で柴田錬三郎賞受賞。タヒチ、イタリアのリド島などに住んだ後、二〇〇九年に高知でカフェ「La Cascade」をオープン。死後、二〇一四年二月に友人だった東野圭吾が「じつは子猫を殺してなどいなかった坂東眞砂子さんのこと」という追悼文を集英社の文藝サイト「RENZABURO」に寄稿した。

『山妣』著＝坂東眞砂子　一九九六年　新潮社

平塚らいてう

Raicho Hiratsuka
1886-1971

平塚らいてうは、情死未遂事件のかたわれとして名をあげた。本名を明子《はるこ》といい、東京の本郷で、官吏だった父が東大生のための下宿を営んでいる家に生まれた。つまりお嬢様として育ったわけだが、二十二歳の、日本女子大学の学生だった時、夏目漱石の弟子で作家の森田草平と知り合って恋におち、二人は何ら肉体的関係もないまま、塩原へ情死に向かうが、情死は果たせず帰ってくるのである。漱石は、娘さんの貞操はもはや汚されたも同然だからと結婚を勧めたが、草平には妻がおり、明子もこれを拒み禅生活に入り、お坊さんに突如セックスを求めてその時初めて処女を破ったとかいうので、世間では当時知られていたイプセンの『人形の家』のノラになぞらえて「新しい女」と呼んだ。漱石は『草枕』の那美のモデルに、この平塚明子を使ったという。

草平のほうは、学校をクビになり、漱石のあっせんでこの事件を小説「煤煙」にして、「三四郎」のあとの枠で「朝日新聞」に連載した。私の先輩の佐々木英昭さんは、平塚明子で博士論文を書き『「新しい女」の到来』という題で刊行した（一九九四）上、「煤煙」に詳細な注をつけて『詳注煤煙』として刊行したから、いずれは森田草平の伝記も書いてくれるんだろうと期待していたら、草平には興味を失っていったようだ。

草平は、明子が「私は……女じゃない」と言うのを聞いて、「えっ？」と思ったのだが、のちにそれが禅の言い方だと聞いて、なんだそうならそうと言ってくれればと思ったと言うが、草平は性欲で目がくらんでいたから、明子が何か神秘的なことを言ったように感じたのである。

明治四十四年（一九一一）に明子は英国のブルーストッキングに倣って『青鞜』という雑誌を興し、女性解放運動の先頭に立ち、「らいてう＝雷鳥」と名のって、創刊号に「元始、女性は太陽であつた」を書いた。これは短文で、のちこの題で自伝を書いている。その後、奥村博史という年下の男を夫にして「若いツバメ」と呼び、女より年下の恋人のことをツバメと呼ぶのはここから始まったという。

いろいろ評論活動をした人だが、そんなに女として魅力的だったのかというに、若いころの写真は、顔の長い普通の顔という感じがする。当時会った人によると、色の黒い、声のハスキーな女だったというから、なるほど、そういう女かと思ったものだが、まあそこそこの顔の女が誘惑すれば男は割とだらしのないものながら、「男たらし」ではあったのだろう。

ひらつからいちょう　東京府麹町区（現・東京都千代田区）出身。日本女子大学校（現在の日本女子大学）家政学部卒業。父は政府の会計検査院に勤務、母は田安家奥医師の娘。大学を卒業後、禅の修行をしながら、二松学舎（現在の二松學舎大学）、女子英学塾（現在の津田塾大学）で漢文や英語を学び、一九〇七年から成美女子英語学校に通う。〇八年、塩原の尾頭峠で森田草平と心中未遂事件を起こす。一一年、青鞜社を結社し、女性による女性のための文藝誌『青鞜』を創刊。一二年に画家志望の奥村博史と事実婚を始め、一男一女を儲ける。二〇年、市川房江と新婦人協会を設立し、婦人参政権運動、母性の保護、女性の集会・結社の権利獲得に尽力。戦後は日本共産党と連動し、婦人運動、反戦・平和運動を行う。

『平塚らいてう著作集』一九八七年　岩波文庫

伊藤野枝

Noe Ito
1895-1923

関東大震災（一九二三）の時、事実上の夫だった大杉栄と、大杉の甥の橘宗一とともに、憲兵大尉・甘粕正彦に連行されて殺されるという壮絶な最期のためか、伊藤野枝は人気がある。瀬戸内寂聴は晴美だった若いころ、『美は乱調にあり』『諧調は偽りなり』という大杉と野枝の伝記小説を書いている。村山由佳は野枝を描いた大作『風よあらしよ』で吉川英治文学賞をとっている。瀬戸内が『美は乱調…』を書いた時、某新聞で書評委員をしていた小島信夫が、書評に取り上げることに猛烈に反対したという（江藤淳が書いているのだが、作品名は書いていない）。私は小島は左翼嫌いだったのだろうと見ている。

伊藤野枝は地方から出て来て『青鞜』に身を投じ、大正三年（一九一四）に若くしてその編集長を平塚らいてうから任されている。二番目の夫はダダイストの辻潤で、辻との間に辻まことなどを生んでいるが、私には木村荘太のことが忘れがたい。

木村荘太は、谷崎潤一郎ら東大生が作った文藝同人誌・第二次『新思潮』に参加した東大生でない男である。牛鍋屋のいろはという店の息子で、父は何人も妾を持って多くの子女を生ませていた。この荘太が、大正二年に、野枝の文章を読んで惚れ込んでしまい、会いに行ったらやっぱり美人だったから一層惚れ込み、野枝のほうも気持ちが動いて、帰ってから手紙のやりとりをした。野枝が、これはいかんと思って、自分には夫があると打ち明け、荘太はがっかりしたが、二人で、これをもとに小説を書こうというのでやりとりした手紙一束を貸し借りし、野枝は「動揺」、荘太は「牽引」というのを書いた。

「動揺」のほうは『伊藤野枝全集』に入っている。「牽引」はのちに平野謙が、大正二年の近松秋江の「疑惑」とともに「私小説」の濫觴《らんしょう》となったと論じたもので、つまりそれ以前の田山花袋「蒲団」や秋江「別れたる妻に送る手紙」は違うという特殊な説なのだが、この「牽引」はどの刊本にも入っておらず、私が『フユウザン』という初出誌を竹橋の近代美術館の書庫で見つけてコピーしたものが私のウェブサイトに上がっている。

余談にわたったが、それだけ伊藤野枝というのは実際に会うと魅力的な人だったのであろうと思うということで、吉永小百合が与謝野晶子を演じた映画『華の乱』では、石田えりが伊藤野枝を演じてちょっとだけ出て来るが、あれはまり役で、ああいう感じだったんじゃないかという気がする。

いとう のえ　福岡県糸島郡今宿村出身。叔父に援助を頼み上京し、上野高等女学校を卒業。福岡で親の決めた許婚、末松福太郎と入籍するがすぐに上京し、一九一二年に在学中に出会っていた辻潤と同棲し、二男を出産。同年に青鞜社の社員となる。一三年に末松福太郎と離婚が成立。一五年に『青鞜』の編集長・発行人となる。同年、辻潤と結婚。一六年、辻潤と離別し、大杉栄と同棲を始め、『青鞜』も休刊する。一七年、辻潤と離婚。大杉と『文明批評』を創刊し、『乞食の名誉』『クロポトキン研究』など数々の共著を刊行。二一年に結成された婦人団体、赤瀾会に山川菊栄らと参加。二三年の関東大震災直後、大杉栄、大杉の甥とともに憲兵隊に虐殺される。大杉との間には四女一男を儲けた。辻との長男が詩人の辻まこと。大杉との次女は彫刻家の菅沼五郎の妻となり、四女の伊藤ルイは市民運動家になる。

『伊藤野枝集』編＝森まゆみ　二〇一九年　岩波文庫

生田花世

Hanayo Ikuta
1888-1979

生田花世は、徳島県出身で、旧姓を西崎といい、小学校教員をへて『青鞜』に参加したが、かなり背が低く、一四〇センチ台であったようだ。この時『青鞜』に載せた文章を読んだ詩人の生田春月《しゅんげつ》は、文章を読んだだけで、自分が結婚すべき人はこの人しかいないと思い決め、『青鞜』編集部へ飛び込んで花世と結婚した。生田春月は生田長江《ちょうこう》のところに寄宿していたが、親戚だったわけではない。貧しい生活の中で、春月の女性関係に悩まされもしたが、花世はがんばって仕事をした。だが一九三〇年、春月は投身自殺してしまう。

花世は戦争の時代には戦争に協力もしたが、戦後は東京郊外で女性たちに『源氏物語』について講義をする仕事をつましく続けた。花世の生涯を描いた戸田房子の『詩人の妻　生田花世』はたとえようもない名著であって、人は苦しくとも生きていくのだということを教えてくれる。

いくた はなよ　徳島県板野郡泉谷村出身。県立徳島高等女学校卒業。小学校の教員として務めながら、『女子文壇』に投稿。一九〇九年、父の死後に上京し、働きながら投稿を続ける。一二年、雑誌『青鞜』に参加。その寄稿を読んだ生田春月から求婚され結婚。春月と共に生田長江が主宰する雑誌『反響』にも参加。一五年には出産で里帰りした伊藤野枝に代わり『青鞜』の編集を行う。一六年、女性文藝誌『ピアトリス』創刊に参加するが、翌年春には廃刊。二八年、長谷川時雨の依頼で『女人藝術』の創刊に協力。三〇年に春月が自殺。その後、『生田春月全集』全十巻を編集・刊行。三三年、時雨の月刊新聞『輝ク』を手伝う。戦中は軍の慰問に協力し、日本文学報国会にも参加。戦後は地域の女性達に『万葉集』や『源氏物語』を読む講義を行う。戸田房子が八七年に評伝『詩人の妻 生田花世』を刊行し平林たい子賞を受賞した。

Public domain, via Wikimedia Commons

佐多稲子

Ineko Sata
1904-1998

戦前からのプロレタリア作家で、長命を保った佐多稲子は、出身地長崎の原爆を描いた『樹影』などで知られるが、むしろ樋口一葉の「たけくらべ」について、最後の美登利の変貌は初潮によるものとする定説に対し、初店があったのではないかという疑問を呈して論争が巻き起こったことで知られる。

太宰治の写真で知られる林忠彦の『文士の時代』に載っている佐多稲子の写真は着物を着て何だか藝者風に美しい。年をとってからも、どこかのお嬢さんとして育ったんじゃないかと思えるほどに気品の漂う人であった。

さた いねこ　長崎県長崎市出身。一九一五年に一家で上京、向島の牛嶋小学校を中退してキャラメル工場で働く。十四歳で兵庫県の播磨造船所に再就職した父に引き取られるが、再び上京。上野の料亭・清凌亭や丸善で働く。二十歳で資産家の息子と結婚するが、離婚し娘を一人で育てる。本郷のカフェで女給として働きながら創作活動を始める。二六年には雑誌『驢馬』の同人だった窪川鶴次郎と結婚。二八年、中野重治に勧められ雑誌『プロレタリア藝術』に「キャラメル工場から」を発表。三二年、日本共産党に入党。何度も検挙拘束されるが戦中は慰問などに協力。窪川とは一男一女を儲けたが四五年に離婚し、筆名を佐多稲子とする。四六年、宮本百合子らと婦人民主クラブを結成。六二年に『女の宿』で女流文学賞、七二年に『樹影』で野間文藝賞、七六年に「時に佇つ（その十一）」で川端康成文学賞、八三年に『夏の栞』で毎日藝術賞、八三年に朝日賞、八六年に随筆集『月の宴』で読売文学賞受賞。長男の窪川健造は監督としてテレビドラマ「木枯し紋次郎」「チャコとケンちゃん」「剣客商売」などを手掛ける。長女の佐多達枝はバレリーナとして活躍した後、夫とバレエスタジオを設立し、演出・振付を手掛ける。

『佐多稲子文学アルバム 凜として立つ』編＝佐多稲子研究会　二〇一三年　菁柿堂

円地文子

Fumiko Enchi
1905-1986

円地文子は、国語学者・上田萬年《かずとし》の娘というサラブレッドで、上田文子として小山内薫に弟子入りして戯曲を書いていた。昭和三年（一九二八）暮れ、文子の最初の戯曲が上演され、その打ち上げの席で小山内は倒れて不帰の客となった。文子は当時新聞記者として有名だった円地與四松と結婚し、小説に転じたが、子宮がんを手術したり、夫の浮気などに苦しんだ。戦後は少女読物を書いたりして生計を立てたが、祖母をモデルとした『女坂』（五七）が評価された。のち自伝的三部作『朱を奪うもの』などで谷崎潤一郎賞を受賞した。円地は選考委員だったたから、批判の声は喧《かまびす》しかったが、私は実際読んでみて、これはすごいと思い、何と言われてもすごい小説を書いた円地の勝ちだと思った。

えんち ふみこ　東京府東京市浅草区（現・東京都台東区浅草）出身。父の上田萬年は東京帝国大学文科大学国語学教授。日本女子大学付属高等女学校（現在の日本女子大学附属高等学校）に入学するが中退し、個人教授を受けて勉強を続ける。一九二六年、演劇雑誌『歌舞伎』の懸賞に当選し脚本が掲載される。二七年、小山内薫の演劇講座の聴講生となり、同人誌『劇と評論』に戯曲を寄稿。二八年、『女人藝術』に発表した戯曲「晩春騒夜」が称賛され築地小劇場で初演される。その後『新潮』『文藝春秋』『火の鳥』などにも戯曲を発表。このころ、作家・新聞記者の片岡鉄兵と親しく付き合う（『朱を奪うもの』で結婚後も不倫関係を続ける一柳燦のモデルが片岡とされている）。三〇年、東京日日新聞の記者である円地與四松と結婚、一女を儲ける。三五年、戯曲集『惜春』刊行。翌年、同人誌『日暦』に初の小説「社会記事」を発表。戦後も少女小説を中心とする執筆が続くが、五三年に『ひもじい月日』で女流文学者賞、五七年に『女坂』で野間文藝賞、六六年に『なまみこ物語』で女流文学賞、六九年に『朱を奪うもの』『傷ある翼』『虹と修羅』三部作で谷崎潤一郎賞受賞。七〇年に日本藝術院会員に選出される。七二年に『遊魂』三部作で日本文学大賞受賞。七九年に文化功労者、八五年に文化勲章受章。『食卓のない家』『雪燃え』などが映像化されている。

『円地文子―うそ・まこと七十余年／半世紀』一九九八年　日本図書センター

神近市子

Ichiko Kamichika
1888-1981

大正五年（一九一六）、葉山の日蔭茶屋で、神近市子は愛人の大杉栄を刺して軽傷を負わせ、入獄した。これは大杉が伊藤野枝に心を移したからである。七年後に大杉と野枝は虐殺されるが、市子は生き延びて、戦後は社会党の国会議員をしていた。七〇年、市子は政界を引退して八十二歳だったが、吉田喜重が、日蔭茶屋事件を映画化した「エロス＋虐殺」を、プライバシーの侵害として上映中止を求めて提訴したものの、周知の事実として却下された。谷崎潤一郎が「鍵」を連載していた時は、国会でわいせつ文書ではないかと発言して話題になった（五五）。

かみちか いちこ　長崎県北松浦郡佐々村出身。活水女学校在学中に雑誌『少女世界』に小説が掲載される。津田女子英学塾（現在の津田塾大学）在学中に青鞜社に参加。この件で卒業を保留とされ、卒業の条件として青森県立弘前高等女学校の教師となるがすぐに退職し、東京女子商業学校の講師となる。一九一四年、東京日日新聞に記者として入社。一六年、愛人関係だった大杉栄が伊藤野枝と恋愛関係になり、葉山の日蔭茶屋で大杉を刺傷、二年間服役する（日蔭茶屋事件）。一九年、出獄して大正日日新聞に小説を連載。二〇年に評論家の鈴木厚と結婚。三児を儲けるが三七年に離婚。二四年には文藝誌『婦人文藝』を主宰・

創刊。戦後は民主婦人協会、自由人権協会設立に参加。五三年、衆議院議員総選挙に左派社会党より出馬して当選。以後、五回当選した。五七年の売春防止法にも尽力。六八年、再審特例法案を作成。七〇年、勲二等瑞宝章受章。

『プロメテウス：神近市子とその周辺』著＝杉山秀子　二〇〇三年　新樹社

幸田延

Nobu Koda
1870-1946

幸田露伴の妹で音楽家。ピアノとヴァイオリン、作曲などを学び、米国ボストンにも学んで東京音楽学校教授を務めた。弟子には瀧廉太郎、山田耕筰などがいるが、山田は若いころから色男だったため、幸田延の若いツバメだと言われていると、自分で言ったりしている。一九〇九年、三十九歳の時、突如音楽学校を解任され、世間では同情の声があがったというが、理由は不明である。一九三七年に帝国藝術院ができると会員となった。兄に露伴のほか郡司成忠、妹に安藤幸がいる、有名人きょうだいである。

こうだ のぶ　東京府下谷（現・東京都台東区下谷）出身。父は江戸幕府の表坊主、兄は探検家の郡司成忠と作家の幸田露伴と日本史学者の幸田成友、妹はヴァイオリニストの安藤幸。子供のころから長唄、琴、三味線を習う。瓜生繁子や明治政府が雇った音楽教育者のルーサー・ホワイティング・メーソンなどに十歳からピアノを学ぶ。音楽取調掛に入学してヴァイオリンやピアノ、声楽を学び、一八八五年に卒業。八九年に日本初の音楽留学生としてアメリカ・ボストンのニューイングランド音楽院に入学しピアノや和声学を学ぶ。九〇年にオーストリアに留学、ウィーン楽友協会音楽院でヨーゼフ・ヘルメスベルガー二世にヴァイオリンを、その他、ピアノや和声学、作曲を学ぶ。九五年に帰国し東京音楽学校（現在の東京藝術大学）の助教授となり瀧廉太郎や三浦環、本居長世、山田耕筰、久野久らを育てる。九五年、日本人初のクラシック音楽の器楽作品を発表。九九年に東京音楽学校教授となった。新聞や雑誌に批判記事が載り（萩谷由喜子『幸田姉妹 洋楽黎明期を支えた幸田延と安藤幸』）、一九〇九年に音楽学校を退職。一二年からはピアノ個人教授所を開き、山本直忠らに教えた。一五年、日本人女性初の交響曲「大礼奉祝曲」を作曲。三七年に帝国藝術院設立にともない会員に選出される。

写真：朝日新聞社 Public domain, via Wikimedia Commons

安藤幸

Kou Ando
1878-1963

こちらは幸田延の妹のヴァイオリニストで、女性初の文化功労者となった（文化勲章は先に上村松園が受章しているが、その当時は文化功労者の制度がなく、制度ができた時は松園は死んでいた）。英文学者の安藤勝一郎と結婚し、息子にドイツ文学者で作家の高木卓がおり、これは「歌と門の盾」で芥川賞に選ばれたが辞退したことで知られる。

あんどう こう　東京府下谷区出身。父は江戸幕府の表坊主、兄は探検家の郡司成忠と作家の幸田露伴と日本史学者の幸田成友。姉はピアニスト・作曲家の幸田延。幼少から日本舞踊、箏曲、ヴァイオリンを習う。東京音楽学校（現在の東京藝術大学）本科器楽部を卒業後、同校研究科修了。一八九九年にドイツに留学し、ベルリン国立高等音楽学校でヨーゼフ・ヨアヒムらに学ぶ。一九〇三年に帰国後、東京音楽学校の教授に就任。三三年以降は講師として後進を育てる。四二年に帝国藝術院会員、五八年に文化功労者に選出。〇五年に英文学者の安藤勝一郎と結婚。長男はドイツ文学者で小説家の安藤熙（筆名は高木卓）で、その娘が児童文学作家の高木あきこ。次男の安藤馨は富士通社長などを務めた。長女の淳子は動物学者の丘浅次郎の四男と結婚。

写真：『アサヒグラフ』一九五一年十月十日号　Public domain, via Wikimedia Commons

上村松園

Shoen Uemura
1875-1949

女性としては初めて文化勲章を受章した日本画家である。その生涯は宮尾登美子の小説『序の舞』に詳しい。のち画家となった息子・松篁《しょうこう》の父は、最初の師匠だった鈴木松年ではないかと言われているが、松園自身は何も語っていない。『序の舞』には、その師匠から誘惑されて男女の仲になる場面もちゃんと描いてあり、宮尾の想像かもしれないが、そんなものかもしれないなあと思う。容貌は美人だったが、生涯髪は総髪で櫛巻を挿しただけだったと言う。

うえむら しょうえん　京都府京都市下京区出身。葉茶屋に生まれる。一八八七年に京都府画学校（現在の京都市立藝術大学）入学、鈴木松年に師事。松年の辞職とともに退学し、九〇年に内国勧業博覧会で「四季美人図」が一等褒状を受賞、その作品をヴィクトリア女王の王子が購入し話題となる。九三年、幸野楳嶺に師事。一八九五年、兄弟子の竹内栖鳳に師事。一九〇〇年、日本絵画協会・日本美術院連合絵画共進会で横山大観、菱田春草と共に銀牌受賞。〇二年、長男出産。〇七年から文展に出品。三六年、新文展に「序の舞」を出品。四一年、帝国藝術院会員に選出。四八年、女性として初の文化勲章受章。長男は画家の上村松篁、その息子は上村淳之。

一九四〇年撮影。

Adachi Art Museum, tokyou Public domain, via Wikimedia Commons

喜熨斗古登子

Kotoko Kinoshi
1861-1930

初代市川猿之助（のち段四郎）の妻で、吉原の中米楼《なかごめろう》の娘として生まれ、猿之助に嫁して「澤瀉楼《おもだかろう》」という妓楼を経営し、猿之助の家計は役者と妓楼で支えられていたという。しかし明治四十四年（一九一一）、吉原大火によって妓楼は焼け、猿之助は娼妓らをみな解放して妓楼経営を辞めたというのが、当時美談になったという。のち晩年の古登子は、宮内好太朗の聞き書きによる『吉原夜話』を刊行し、明治の吉原の実態を伝えている（なおこれの刊行は一九六四年で、死んでから三十年以上たっているので、生前の聞き書きを宮内が刊行したのである）。今の猿翁の曽祖母に当たる人である。

きのし　ことこ　吉原の妓楼、中米楼の娘として生まれる。花柳流の踊りの名手だった。義太夫語りの相生太夫と結婚、一女を儲けるが離婚。一八八六年に初代市川猿之助と結婚、浅草にあった宮戸座近くに住んで四男を儲け、全員を歌舞伎役者に育てる。猿之助が師匠の市川團十郎に破門されていた間は、妓楼・澤瀉桜を営んで家計を助ける。一九一一年の吉原大火をきっかけに生家の中米楼と澤瀉楼は廃業。長男は二代目市川猿之助、その子が三代目市川段四郎。

『吉原夜話』述＝喜熨斗古登子　編＝宮内好太朗　画＝三谷一馬　二〇一二年　青蛙房

堀越千代

Chiyo Horikoshi
1926-1985

十一代目市川團十郎の妻、十二代目團十郎の母が、堀越千代だが、この人のちゃんとした伝記は見つけることができず、宮尾登美子が『きのね』（一九九〇）で、團十郎に松川玄十郎という変名を与え、全部変名で書いたものがあるだけだ。これは当時の團十郎の理解を得られなかったからだが、「朝日新聞」の連載小説だから問題になったのであろう。

はじめ海老蔵といった團十郎は、七代目松本幸四郎の長男で、九代目團十郎の没後、後継者がなく、娘・翠扇《すいせん》と結婚した市川三升《さんしょう》が團十郎の名を狙っていたがついにならず、海老蔵を養子とし、三升の死後、十代目を追贈して十一代目となった。

千代は東京の貧しい家に生まれ、小間使いとして海老蔵に仕え、海老蔵ははじめ良家の令嬢と結婚したがうまくいかず、常にそばにいて海老蔵を思っていた千代といつしか結ばれ、二人の子供（十二代團十郎と初代市川壽紅《じゅこう》）を儲けたが、世間にはこれを秘し隠し、一九五三年九月、海老蔵四十四歳の年、ようやく結婚披露をし、夏雄（七歳）に初舞台を踏ませたのである。千代が名家の出でないため、画家の前田青邨《せいそん》の養女として入籍させたというが、のち青邨はこれを否定し、千代は名家の娘だと言ったが、それならなぜ十年近くも秘密結婚をしていたのかが分からない。

海老蔵が團十郎を襲名したのはしかしそれから九年もたった一九六二年で、しかもわずか三年で團十郎はがんのため死去、千代は息子と娘を育てたが、息子が團十郎となる前に五十九歳で死去した。

ほりこしちよ　十七歳から七代目松本幸四郎の家で奉公。九代目市川海老蔵（後の十一代目團十郎）との間に一九四六年に長男を、四九年に長女を出産。五三年九月に結婚を披露。長男は翌月に初舞台（後の十二代目團十郎）を踏み、五八年に六代目新之助を襲名。六二年に十一代目團十郎を襲名した夫と六五年に死別。

『きのね』著＝宮尾登美子　一九九九年　新潮文庫

藤間紫（初代）

Murasaki Fujima
1923-2009

三代目市川猿之助（現・猿翁、一九三九—）は、宝塚出身の女優・浜木綿子と結婚し、男児を儲けたが、ほどなく離婚し、男児は浜のもとで育てられた。離婚の理由は、猿之助には十六歳年上の愛人・藤間紫がいたからである。

藤間紫は、舞踊の藤間流宗家・六代藤間勘十郎（一九〇〇—九〇）の妻で、舞踊家・女優だったが、猿之助が若いころから関係ができ、勘十郎は怒って離婚し、のち猿之助は紫と結婚した。

浜のもとで育てられた男児は東大を出て俳優・香川照之になり、紫の尽力もあって猿之助との関係が修復され、市川中車を名のって歌舞伎俳優に名を連ね、その息子は猿之助の元の名の団子《だんこ》を名のっている。四代目猿之助は甥の亀治郎が継いだが、亀治郎は独身なので、いずれ団子が継ぐだろうということになっている。

若いころの美貌は古い映画で観ることもできるが、老いてから「西太后」を演じたのを観た時は、さすがに美貌とは思えなかった。

藤間紫の名は、藤間流紫派家元として、紫の死後猿翁が継ぎ、紫の孫である藤間爽子《さわこ》が三代目を襲名（父の藤間文彦は勘十郎と紫の子）。

ふじま むらさき　東京都文京区出身。父は日本医科大学創設者の河野勝斎。相愛高等女学校卒業。七代目松本幸四郎の紹介で日本舞踊を六歳で始め天才少女と呼ばれる。一九三五年、藤間勘十郎に師事。四一年に名取となって藤間紫を名乗り、東京音楽学校の講師を務める。四四年に藤間勘十郎と結婚、一男一女を儲ける。四一年に『家光と彦左』（監督＝マキノ正博）で映画デビュー。四九年に新国劇「野口英世」で初舞台。映画『秋立ちぬ』『妻として女として』（監督＝成瀬巳喜男）、『へそくり社長』（監督＝千葉泰樹）、『縞の背広の親分衆』（監督＝川島雄三）、『日本侠客伝』（監督＝マキノ雅弘）、『惜春鳥』（監督＝木下恵介）などに出演。テレビは「だいこんの花」、NHK連続テレビ小説「信子とおばあちゃん」、NHK大河ドラマ「八大将軍吉宗」などに出演。七九年の「男の紋章」「おさん茂兵衛」で菊田一夫演劇賞、九一年の「濹東綺譚」で菊田一夫演劇賞大賞、九三年に「テレーズ・ラカン」で読売演劇大賞女優賞受賞。五九年に紺綬褒章、九四年に勲四等宝冠章受章。六〇年代から三代目市川猿之助と同棲、八五年に勘十郎と離婚、二〇〇〇年に猿之助と結婚。一九八七年から紫派藤間流として独立。生涯を通して多くの舞踊公演を主催。古典舞踊、歌舞伎舞踊、舞踊劇の創作を行った。十七世中村勘三郎、三世實川延若、二世大川橋蔵、三代目市川猿之助（現・猿翁）など歌舞伎俳優と数多く共演し、「西太后」はじめ歌舞伎公演の舞台にも出演。三代目市川猿之助の海外公演や一門のスーパー歌舞伎をプロデューサーとして支えた。紫派藤間流の家元としても公演に出演しながら多くの弟子を育てる。二〇〇九年、三代目家元に孫の爽子を指名。国立劇場で行われた日本舞踊協会公演「道行旅路の嫁入」の戸無瀬が最後の舞台となり、その翌月に亡くなった。著書に自叙伝『修羅のはざまで』(一九九一　婦人画報社)がある。

『紫―藤間紫写真集』著＝市川猿之助　二〇一一年　春秋社

お百
(曲亭馬琴妻)

Hyaku
1764-1841

徳川時代後期の偉大な読本作者・曲亭馬琴の妻だが、馬琴は最下層の武士の家に生まれ、才能はあったが貧しく、元・飯田町の履物商の三つ年上ですが目の未亡人の婿に入って生計を立て、山東京伝の門を叩いて作者となった。

お百は、老いてのち、悪妻として知られており、『八犬伝』に出て来る船虫とか亀篠《かめざさ》とかの悪い女のモデルはお百ではないかと私は考えている。

しかし、お百も若いころがあったので、そう悪い妻ではなかったのではないかというので、小説『馬琴綺伝』では、若いころのお百を少しよく描いておいた。これは私の第二の故郷で実家があった越谷市が、お百の出身地だからでもある。

ひゃく　武蔵国埼玉郡（現在の埼玉県越谷市）出身。二歳で履物商の養女となる。前夫と死別した後、一七九三年に曲亭馬琴と結婚。一男三女を儲ける。

『馬琴綺伝』著＝小谷野 敦　二〇一四年　河出書房新社

土岐村路

Michi Tokimura
1806-1858

医師・土岐村元立《げんりゅう》の娘として生まれ、馬琴の嫡男・滝澤宗伯《そうはく》に嫁入りし、嫡男の太郎を生んだ。宗伯は医師として松前家に出入りし、渡辺崋山とも親しかったが、病弱で死んでしまった。馬琴は老いて目を患い、ついに嫁の路に口述筆記せしめて『八犬伝』を完成させた。のち鏑《かぶら》木《ぎ》清方《きよかた》が絵に描いたことで名高い路の筆記である。続けて『美少年録』などを筆記していたが、馬琴は一八四八年に長逝した。路は、馬琴の日記を引き継いで、滝澤家家記として書き続けたが、馬琴が望みを託した太郎は馬琴の死の翌年に病死した。

ときむら みち　神田佐久間町（現・東京都千代田区神田佐久間町）出身。父は紀州藩家老三浦長門守の医師・土岐村元立。松平忠誨邸や江戸城に勤めた後、一八二七年に曲亭馬琴の長男の滝澤宗伯と結婚し「みち」と改名。一男二女を儲ける。失明した馬琴のために口述筆記や代作を行う。四八年に亡くなる馬琴の最後の年から日記を書き始めた。

『瀧澤路女日記　上下』著＝柴田光彦　編＝大久保恵子　二〇一二年　中央公論新社

column 4

脱ぐ人を好む

裸になる人、ヌードになる人を評価する傾向が私にはあるのだが、それは単純に性欲的な面から裸を見て嬉しいというのと、体を張っている、がんばっているということへの評価とがある。もちろん単に商業主義とか悪い意味でヌードになってしまう人もいるのだが、それならそれで応援したいという気分はある。

もっとも私の場合、赤裸々な自伝みたいなものを書く人が好きで、それが比喩的に裸になっているという面もある。特に学者などには、定年になったら自伝を書いてほしいと思っていて、もちろん学者でなく市井の一般人でも、どんどん自伝は書いておいてほしいと思っているのだが、しかるべき年齢になった人にそういうことを言っても、どうも嫌がられるようである。

中には成功者で、見栄のために自伝を書いて配って回って嫌がられる人もいるようだが、それもまた時代の一つの証言だし、そうでない人も率先して自伝を書いていただきたい。

マルグリット・オードゥー

Marguerite Audoux
1863-1937

私が若いころ、新潮文庫に『孤児マリー』というのが、堀口大學の訳で入っていたが、当時は読まなかった。最近になって読んでみたら意外に良かったが、あまり内容は覚えていない。

もう一つ『光ほのか』というのも大學の訳であったが、これが「ドゥース・リュミエール」というのが原題で、それはヒロインの名前だというから驚いてぼうっとした。不遇のうちに死んだらしい。

マルグリット・オードゥー　フランス・シェール県サンコアン出身。三歳で母と死別し、孤児院で育つ。一八七七年、羊飼いや農婦として働く。恋人との結婚に反対され、八一年にパリに行き、針子として働く。八三年に未婚のまま妊娠した子を死産。姪の売春相手だった作家に文学の同人グループを紹介され、回想録を書き始める。一九一〇年、オクターヴ・ミルボーの勧めで回想録『孤児マリー』を出版し、フェミナ賞受賞。その後も作品を発表し、三七年に生前最後の作品である『光ほのか』を出版。オードゥーが亡くなった三七年にフランスで創刊された女性誌『マリ・クレール』は、『孤児マリー（Marie Claire）』から名付けられた。

一九一一年撮影。 Public domain, via Wikimedia Commons

アイリス・マードック

Iris Murdoch
1919-1999

アイリス・マードックは、戦後英国の主要な作家の一人で、多作でもあり、没後はケイト・ウィンスレットが若いころのマードックを演じた映画『アイリス』も作られた。若いころの写真は、あまり美人には見えないが、恋多き女でもあり、何がしか魅力的だったのだろうとは思う。

むしろマードックは、ノーベル賞候補とかにはならなかったのだろうかという疑問を抱く。そして私は、人気作家マードックは、通俗作家と思われていたのじゃないかと思う。実際、ブッカー賞を受賞した『海よ、海』を読んで、私はそのド通俗ぶりに仰天したことがあり、これの日本語訳は長いこと絶版のままで復刊されたり文庫になったりしていないのである。

アイリス・マードック アイルランド・ダブリン出身。兵士だった父と、声楽家の教育を受けていた母が結婚し誕生。幼いころにロンドンに転居し、父は書記官として保健省で働く。オックスフォードのサマーヴィル大学で古典、歴史、哲学を学び学位を取得。財務省、国連救済復興局で働いた後、一九四七年にケンブリッジのニューナム大学で大学院生として哲学を学ぶ。四八年からオックスフォードのセントアンズ大学や王立大学で哲学を教える。五四年に『網のなか』で小説家デビュー。その後も『鐘』『野ばら』などを発表。『切られた首』は戯曲化され、七一年にリチャード・アッテンボロー演出、イアン・ホルム主演で上演された。七八年に『海よ、海』でブッカー賞受賞。八七年に大英帝国勲章を受章し、デイムの称号を得た。五六年に結婚した文藝評論家・小説家のジョン・ベイリーは、九七年にアルツハイマー病を発症したマードックを死まで看取り、回想録を出版。妻が複数の男性や女性と関係を持ち、それをベイリーが目撃していたことを記す。二〇〇一年に伝記映画『アイリス』が公開され、若いころのマードックをケイト・ウィンスレットが、晩年をジュディ・デンチが演じた。

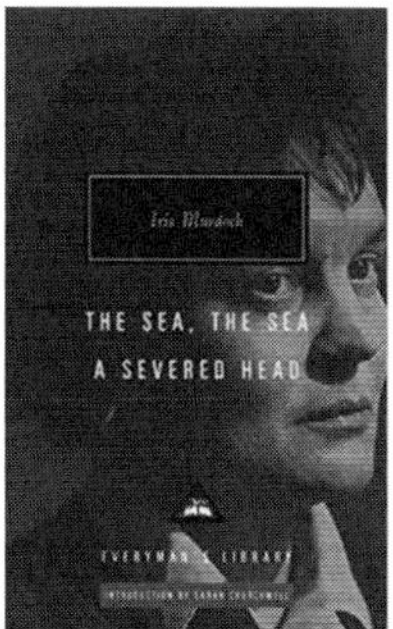

『The Sea, The Sea & A Severed』英語版　著＝アイリス・マードック　二〇一六年　Everyman

ヘルタ・ミュラー

Herta Müller
1953-

ヘルタ・ミュラーは二〇〇九年のノーベル文学賞受賞作家だが、よくあることながら日本ではほとんど知られておらず、当時ドイツ文学者の山本浩司による翻訳『狙われたキツネ』があるだけだった。出身はルーマニアで、チャウシェスクの独裁時代のことを描いており、のち亡命した。写真を見るとなかなか美人である。

ヘルタ・ミュラー ルーマニア・バナート地方ニツキドルフ出身。ティミショアラ大学で学んだ後、金属工場に技術翻訳者として勤める。秘密警察への協力を拒否したため解雇された後は、幼稚園で教えたりドイツ語の家庭教師をして生計を立てた。一九八二年に短編集『澱み』で作家デビュー。八七年に文筆家の夫と共に西ドイツに移住。九四年にクライスト賞、九八年に『心獣』で国際IMACダブリン文学賞、九九年にカフカ賞、二〇〇九年にノーベル文学賞を受賞。

『Mi patria era una semilla de manzana』スペイン版　著＝ヘルタ・ミュラー　二〇一六年　Siruela

マルグリット・ユルスナール

Marguerite Yourcenar
1903-1987

ユルスナールは『ハドリアヌス帝の回想』『黒の過程』などの耽美的歴史小説で知られるフランスの作家だが、レズビアンで、のち米国女性と同棲し、米国に移住した。三島由紀夫が好きだったことでも知られる。女性嫌悪作家である三島をなぜ日本の女は好きなのかと思ったが西洋にも三島好きの女はいるということだ。若いころは写真で見るとちょっと美人かもしれない。

ユルスナールには『東方綺譚』という短編集があり、東洋の歴史や物語に取材しているが、中に「源氏の君の最後の恋」というのがある。『源氏物語』の、巻名のみの「雲隠」を創作したもので、失明した光源氏のもとへ花散里《はなちるさと》が変装して通ってきて二度情を交わすが、光源氏は花散里のことを思い出さずに死んでしまうというものだ。多田智満子《ただちまこ》（故人）の翻訳（一九八四）には訳注がついているが、「三番目の妻、西の館の君は、むかし彼が若かった頃、うら若い后と通じて父を裏切ったのと同じように、若い義理の息子と通じて彼を裏切ったのだった」というところの注（三）には、「紫の上」は「西の対の姫君」と呼ばれたが、「『三番目の妻』ではなく、この文章に該当する人物は『源氏物語』にはいない」とある。だが内容は明らかに女三宮を指している。また注（六）に「長夜の君」に「不詳。こんな人物はいないはず」と書かれている。しかしこれも、六条院に住んだ女たちで出てきていないのは末摘花《すえつむはな》だけなのだから、これだとわかるだろう。多田は外国の作家が『源氏物語』について不正確な記述をしたのが我慢ならずこんな意地悪な注をつけたのだろうか（のちの「ユルスナール・セレクション」ではこの注はまるごとなくなっている）。

マルグリット・ユルスナール　ベルギー・ブリュッセル出身。父はフランスの貴族の末裔である裕福な地主、母はベルギーの貴族の末裔。筆名「ユルスナール」は本名のクレイヤンクール（Crayencour）のアナグラム。出生時に母を亡くし、博学な父とヨーロッパ各地を転々としながら古典、英語、ラテン語、ギリシャ語、イタリア語を学ぶ。一九二一年に父が費用を出して詩集『キマイラの庭』を出版。父の死後、経済的独立のため、二九年、『アレクシス　あるいは空しい戦いについて』で小説家デビュー。三七年、アメリカの文学者であるグレース・フリックと恋愛関係になり、彼女が亡くなるまで一緒に暮らした。三九年に渡米し、四二年から四九年までサラ・ローレンス大学の非常勤講師として比較文学、フランス文学を教える。四七年にアメリカ市民権を獲得。五〇年、メイン州のマウント・デザート島を二人で購入しフリックの死後も住み続け、島の墓地に埋葬された。五一年に『ハドリアヌス帝の回想』でフェミナ・ヴァカレスコ賞、六八年に『黒の過程』でフェミナ賞受賞。七〇年にベルギー王立アカデミー会員に選出。七一年にレジオン・ドヌール勲章受章。七二年モナコ・ピエール大公文学賞、七七年にアカデミー・フランセーズ文学大賞受賞。八〇年に女性初のアカデミー・フランセーズ会員となる。『とどめの一撃』『黒の過程』などが映像化されている。

「Marguerite Yourcenar: portrait intime」著＝Achmy Halley　二〇一八年　Editions Flammarion

シャーロット・ブロンテ

Charlotte Brontë
1816-1855

私はシャーロット・ブロンテのほうが、エミリー・ブロンテより好きである。妹のエミリーは早く死んで『嵐が丘』しか小説は残さなかったが、当時から『嵐が丘』のほうがシャーロットの『ジェイン・エア』より文学性が高いと思われていたらしい（ダニエル・プール『ディケンズの毛皮のコート／シャーロットの片思いの手紙』片岡信訳　青土社　一九九九）。

しかし『嵐が丘』は、二階建て構造というのがバカバカしくて続けて読む気になれないし、実際にヒースクリフのような男が現代に実在したら、ストーカーとして非難されるだけなのに、文学作品の中では主人公的に描かれるという二重基準が嫌だ。

『ジェイン・エア』は、サッカレーとシャーロットがモデルだという噂が当時流れたというが、ロチェスターというのがそんなにいい男とは思われないし、前の妻が狂ったのを屋根裏へ押し込めておいて、火事で死んだから結婚できるとかひどい、とみんな思うが、その、ストーリーに傷のあるところがいいんじゃないか。あと自伝的な『ヴィレット』も好きである。

シャーロット・ブロンテ　イギリス・ヨークシャー・ソーントン出身。父は牧師、母とは一八二一年に死別。二四年に姉二人と妹とランカシャーの学校に入学するが、劣悪な環境の中、姉二人が結核で死去。三一〜三二年に私塾で学んだ後、同塾で教師として働く。三九年からは家庭教師として各地を転々とする。四二年にブリュッセルのエジェ寄宿女学院に入学し、生徒兼教師となる。四四年にフランス語の教員免許を取得し、家で学校開設を計画するが生徒が集まらず断念。姉妹で私家版の詩集を出版しながら、小説を出版社に送る。四七年にカラー・ベルという変名で『ジェイン・エア』を発表し話題となる。五四年、副牧師のアーサー・ニコルズと結婚。妊娠中に死去。六〇年に遺作「エマ」が未完のまま雑誌に掲載される。

一八五四年撮影。Public domain, via Wikimedia Commons

高村智恵子

Chieko Takamura
1886-1938

『智恵子抄』で知られる、高村光太郎の妻だが、私は高村光太郎を近代日本最高の詩人と思いつつ、『智恵子抄』が評価できない。まず「抄」とは何か。これより先に谷崎潤一郎の小説『春琴抄』があったが、これは架空の書物『鵙屋《もずや》春琴伝《しゅんきんでん》』から、それを省略して紹介したという意味での「抄」である。光太郎はもしかして、女の名前に「抄」をつけるとその女を礼讃することになるのだと思い込んだのではないかと思っている。

『智恵子抄』の二年後、昭和十八年（一九四三）に女性美人画家の上村松園が随筆集『青眉抄《せいびしょう》』を出しているが、「青眉」とは前近代の武家の女が結婚して眉を剃ったのを言い、それに触れた随筆が巻頭にあるので命題したのだろう（なおこの「命題」は題名をつけるという意味で、誤用ではない。「人生とは何かという命題」は誤用である）。

もとは長沼智恵子で、日本女子大で平塚らいてうの一級下だった。黒澤亜里子は、『女の首―逆光の「智恵子抄」』（一九八五）で、高村光太郎こそが智恵子を狂気に追いやったのだとしているが、そういうわけでは無かろうと思う。しかし「智恵子抄」における、智恵子の狂気を神聖化する手法にはまったく感心できない。

たかむら ちえこ　福島県安達郡出身。酒造業を営む家の長女として生まれる。

日本女子大学校を卒業後、太平洋画会研究所で絵画を学ぶ。一九一一年創刊の雑誌『青鞜』の表紙絵を担当。同年、高村光太郎と出会い、一四年から同棲を始める。父の死や実家の破産などが続き、三一年から精神を病み始め、三二年に自殺未遂。三五年より入院し紙絵の創作活動を続ける。三八年に結核で死去。四一年に光太郎が『智恵子抄』を出版。

一九一四年撮影。 Public domain, via Wikimedia Commons

岡田（永代）美知代

Michiyo Okada (Nagayo)
1885-1968

田山花袋の「蒲団」のヒロイン・横山芳子のモデルである。広島県に生まれ、当時ピカピカのお嬢様学校だった神戸女学院を出て、花袋に弟子入りするが、永代静雄という恋人ができたため花袋に破門される。その後花袋の媒酌で永代と結婚するが、のち別れる。

静雄は日本で初めて『不思議の国のアリス』の翻訳をした人であり、美知代の兄・岡田實麿《じつまろ》は、東京帝大英文科を出て、夏目漱石の後任として一高で英語を教えた人であり、まったくの「お嬢さん」である。花袋は「私のアンナ・マアル」などと、ハウプトマンの戯曲の人物になぞらえた。だが写真を見ると、花袋が夢中になるほどの美貌ではない。

実は「蒲団」には、花袋が日露戦争に従軍記者として出かけ、その花袋に美知代が恋文みたいな手紙を書き送っていたという事実が書いてないのである。花袋の期待がふくらんで、帰国してみると恋人ができていたので、がっかりしてあんなことになったというのが真相である。まあ、花袋が劣情を抱いたのはそうなんだろうが。

なお「ある朝」という短篇では、花袋が夜中に美知代を犯してしまったように描いてあり、柄谷行人はこれを読んで、「花袋はもっと罪深いことをしているはずである」（『日本近代文学の起源』）と書いたのだが、これはフィクションである。

おかだ（ながよ）みちよ　広島県甲奴郡出身。父は備後銀行を創設するほか、県会議員や町長を務めた。兄の岡田實麿は英文学者で、神戸高等商業学校、第一高等学校、明治大学などで教えた。神戸女学院に入学し、雑誌に和歌などを投稿。一九〇三年に田山花袋に手紙を送り入門を許される。学校を中退して〇四年に上京し、花袋の妻の姉の家に住んで女子英学塾（現在の津田塾大学）予科に入学。その後も積極的に作品を投稿し掲載される。〇五年に永代静雄に出会い親しくなる。〇七年、花袋が雑誌『新小説』に「蒲団」を発表。スキャンダルになり、雑誌『新潮』に横山よし子名義で「『蒲団』について」を発表し反論。〇八年に妊娠し、翌年に静雄と結婚し長女を出産。同年、雑誌『少女世界』に小説を発表し、その後も少女小説を中心に執筆を続ける。短編集『花ものがたり』、翻訳書『愛と真実』（原書は『ジョン・ハリファックス』著＝ミューラック夫人）、『ケーザル』『世界の三聖』などの伝記を刊行。一三年、ストウ夫人『アンクル・トムの小屋』の初の日本語完訳『奴隷トム』を出版。二六年、『主婦之友』の記者として長男を連れて渡米。アメリカで花田小太郎と再婚するが、長男が結核にかかり帰国（三二年に長男は死去）。四四年に静雄が死去、美知代は静雄の戸籍から除籍。五七年に花田小太郎と死別。このころから英語の学習を始める。晩年は雑誌に花袋についての手記などを発表。

Michiyo Okada (Nagayo)

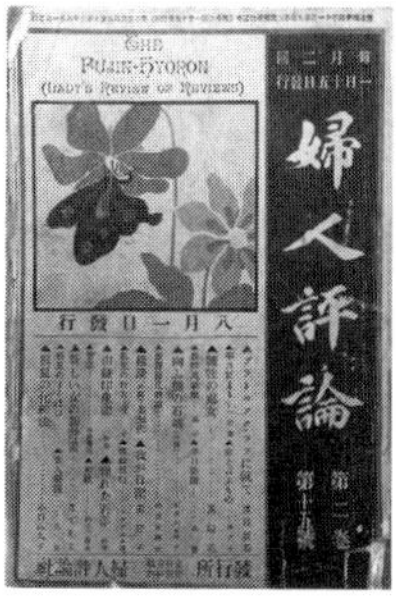

永代美知代が寄稿した『婦人評論』二巻十五号　一九一三年　婦人評論社

島崎こま子

Komako Shimazaki
1893-1979

島崎藤村の姪で、妻を亡くした藤村の手伝いに来ていて子供を妊娠してしまい、藤村はフランスへ逃亡し、生まれた子供は里子に出すが、藤村が帰国するとまた関係を持ってしまい、父（藤村の兄）が知って怒り、こま子を台湾へやり藤村とは義絶する。これを描いたのが『新生』（一九一八―一九）である。

改めて『新生』を読むと、いつからかはともかく、体の関係ができてからはこま子のほうが熱烈に藤村を恋い慕っていて、藤村のほうが鈍感でそれに気づいていないようなのに驚く。もっとも、途中からは藤村も、何とか結婚する方法はないか考えて、三年後には駆け落ちまで試みていたことがわかる。少し美人である。

しまざき　こまこ　長野県吾妻村出身。父は島崎藤村の次兄。高等小学校の途中で姉と共に上京し、三輪田高等女学校を卒業。妻を亡くした藤村の家に住み込み、一九一二年に藤村の子を妊娠。一三年に藤村はパリに留学し、出産した子は養子に出される。帰国した藤村と関係が再び始まり、藤村は一八年からこま子との関係をモデルにした「新生」を東京朝日新聞に連載。同年、こま子は台湾の伯父のもとに転居させられる。一九年に帰京し、自由学園の創立者である羽仁もと子の家に家政婦として住み込む。二五年から京都帝国大学ＹＭＣＡで寮母として働き、二七年に河上肇の弟子だった長谷川博と結婚、一女を儲けるが後に離婚。学生運動や労働運動を支援したため特高警察に追われ、逃げるように上京。三七年に救貧院に収容される。戦後は長野の妻籠で過ごした後、晩年は東京で暮らした。

『島崎こま子おぼえがき』著＝森田昭子　二〇〇六年　文芸社

小高キク

Kiku Kotaka
1915-1999

川端康成『雪国』の駒子のモデル。越後湯沢の高半旅館のそばで「松栄」という名で藝者をしていて、来訪した川端と知り合った。

のち『雪国』が劇化された時、脚本の寺崎浩と主演の花柳章太郎が会いに行くと言い、川端が、会ったら幻滅するよと言ったが、別にそれほどブサイクではない。「名器」の持ち主だった。のち結婚して静かな生涯を終えた。

こたか きく　新潟県三条市出身。鍛治屋の長女として生まれる。一九二八年から湯沢で藝者として座敷に出るようになる。三四年に高半旅館で川端康成と出会う。四〇年に三条市に戻り、和裁店で働く。そこで出会った、帯や袴の仕立業を営む男性と四二年に結婚。

『雪国』著＝川端康成　一九四八年　新潮社

松岡筆子

Fudeko Matsuoka
1899-1989

夏目漱石の長女。漱石の没後、弟子の久米正雄と松岡譲の間で筆子の取り合いになったのが、久米の小説にちなんで「破船」事件と呼ばれている。結局松岡と結婚し、松岡陽子マックレインや、半藤一利の妻末利子の母となった。特に美人というわけではなく、久米は漱石の娘ということに幻惑されたのだろうと言われているが、菊池寛は、要するに漱石の印税という財産の問題だろうと言っている。

まつおか ふでこ　熊本県熊本市出身。夏目漱石の長女。日本女子大学付属高等女学校卒業。久米正雄に求婚されるが一九一八年、漱石の弟子だった小説家の松岡譲と結婚、二男三女を儲ける。久米の失恋体験を描いた「蛍草」「破船」のモデルになったといわれている。二女の陽子は文学者でオレゴン大学名誉教授。三女の末利子は、ジャーナリスト・作家の半藤一利と結婚した。

『破船』著=久米正雄　一九二二年　新潮社　国会図書館デジタルコレクション

佐藤千代

Chiyo Sato
1896-1982

群馬県出身で、二十歳くらいの時に谷崎潤一郎と結婚した。だが実妹のせい子が谷崎と関係を持ってしまい、これが『痴人の愛』のナオミのモデルとなる。千代は迫害されていて、谷崎の友人の佐藤春夫が、同情から恋に変わり、譲ってもらおうとし、谷崎もいったんはその気になるのだが、せい子に振られたりして惜しくなって撤回、佐藤と絶交する、というのが「小田原事件」である。だがそれから十年後、千代はいったんは和田六郎（大坪砂男）と一緒になる話になるのだが、佐藤が反対したのでなしになる。このことを描いたのが『蓼喰ふ虫』で、結局佐藤が譲り受けることになって、昭和五年（一九三〇）に佐藤夫人となる。こうして千代は、二人の文化勲章受章者と結婚した女になったのだが、それほどの美人かというと私にはそうとは思えない。

さとう ちよ　群馬県前橋市出身。生後、母の両親の養女となる。小学校を卒業後、養祖母が置屋を営んでいたため、向島で藝者として働く。一時期、妾となったが、旦那が死去したため再び上京。一九一五年、谷崎潤一郎と結婚式を挙げ、一六年に長女出産。一七年に婚姻届を出すが、同年に千代の妹のせい子と谷崎が同居を始める。二〇年、谷崎は佐藤春夫に千代を譲る話し合いをしていたが谷崎が前言を翻したことで決裂。二四年から『痴人の愛』（登場人物のナオミはせい子がモデル）の連載が大阪朝日新聞で開始。二六年には千代と和田六郎の関係が始まる。二八年、大阪毎日新聞と東京日日新聞で「蓼喰ふ虫」の連載が始まる。三〇年、谷崎、佐藤、千代の連名で離婚と結婚の挨拶状を各新聞社などに送る。三一年に離婚し、佐藤春夫と結婚。翌年に生まれた長男の方哉は後に慶應大学名誉教授となったが、二〇一〇年に新宿駅で酔った男に押されて電車に挟まれ死去。長女の鮎子は佐藤春夫の甥と結婚した。

『蓼喰ふ虫』著＝谷崎潤一郎　一九五一年　新潮文庫

山川菊栄

Kikue Yamakawa

1890-1980

山川菊栄は旧姓を青山というがこれは母方の姓である。社会主義者の山川均と結婚し、女性解放論などで論陣を張ったのだが、太平洋戦争中に、水戸藩に仕えた先祖のことを描いた『武家の女性』や『わが住む村』を書いたのが、のち岩波文庫に入り、一九七四年に岩波書店から出した『覚書　幕末の水戸藩』で大佛次郎賞をとった。所詮は武家の生まれであることを自負心にしてしまう人であったかなあ、とわりあいつまらなく思っている。顔だちはちょっと眼鏡美人の写真が残っている。

やまかわ きくえ　東京府東京市麹町区四番町（現・東京都千代田区九段北）出身。父は官吏、母は儒学者・史学者だった水戸藩士の娘。一九〇七年、成美女学校での勉強会で与謝野晶子、平塚らいてう達と知り合う。一二年に女子英学塾卒業。一四年、神近市子らが参加する雑誌『番紅花』にカーペンターの翻訳を発表。一六年に社会主義運動家の山川均と結婚。翌年、結核を患いながら長男を出産。二一年に日本で最初の社会主義婦人団体である赤瀾会を結成。その後も雑誌や書籍の執筆を続ける。四七年、神近市子や平林たい子らと共に民主婦人協会を結成し、日本社会党に入党。片山哲内閣で労働省の初代婦人少年局長に就任。六三年に『おんな二代の記』刊行。七四年に『覚書　幕末の水戸藩』で

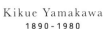

大佛次郎賞受賞。五八年、均と死別。

『山川菊栄評論集』編＝鈴木裕子　一九九〇年　岩波文庫

武良布枝
(水木しげる妻)

Nunoe Mura
1932-

「ゲゲゲの女房」である。何しろ向井理が水木しげるを演じるという仰天配役のドラマだが、夫人のほうは、女優が演じてもおかしくない程度にちょっと美人のほうであった。

私はドラマは放送当時は観ておらず、あとでNHKのオンデマンドで続けて観たら、私の好きな竹下景子のおばあさん役がうまかったので感慨を催した。このドラマで水木しげるは、売れない貸本作家から少しずつ売れるようになっていくのだが、それでもその後売れない時期があったという描写がリアルだった。

むら ぬのえ　島根県能義郡大塚村（現在の島根県安来市大塚町）出身。商家の三女として生まれる。安来高等女学校卒業。一九六一年、漫画家の水木しげると結婚、二女を儲ける。二〇〇八年に刊行した自伝『ゲゲゲの女房』が、一〇年にNHK連続テレビ小説でドラマ化、映画化される。布枝をモデルとした役をテレビでは松下奈緒が、映画では吹石一恵が演じた。一五年に水木しげると死別。『ゲゲゲの女房の「長寿力」』『「その後」のゲゲゲの女房』『ゲゲゲの食卓』など著書多数。坂東眞理子との対談『ゲゲゲの女房と品格の母が語る 知足安分』も刊行。YouTube「【公式】Hey, KITAROチャンネル」に出演し、水木しげるの思い出や好物料理のレシピなどを紹介している。

『ゲゲゲの女房』著＝武良布枝　二〇〇八年　実業之日本社

高橋尚子

Naoko Takahashi
1972-

「Qちゃん」である。そのあだ名の由来は、リクルート陸上部の新入部員歓迎会において「アルミホイルを使ったボディコン風の衣装」を着て「オバケのQ太郎」の歌を歌い盛り上がったことに由来する（ウィキペディアより）という。私を含め少なからぬ男性が、全裸にアルミホイルを巻き付ける姿を想像したのではないかと思うが、それではアルミホイルが破れた時大変なのでそんなことはあるまい。

前世紀から今世紀にかけてのマラソン選手としての人気は絶大なものがあり、「美の基準が変わった」などという声もあったが、私は当初から高橋尚子風の顔だちは好きで、最近、四十九歳になった高橋尚子を見て「美しい」と思ってしまったくらいである（活動期は一九九七年から二〇〇八年）。なお最近話題の金メダルを嚙む動作は高橋尚子の画像が有名らしいが、金メダルは中身は銀なので嚙むことに特に意味はない。

たかはし なおこ　岐阜県岐阜市出身。父母は共に教育者。大阪学院大学商学部卒業。小出義雄監督と面接し契約社員として一九九五年にリクルート入社。九七年、大阪国際女子マラソンでマラソン初出場。九八年の名古屋国際女子マラソンで初優勝し日本最高記録を更新。九八年のＩＡＡＦグランプリ大阪大会女子5000メートルで日本人女性として初優勝。同年のバンコクアジア大会女子マラソンにてアジア最高記録で優勝。二〇〇〇年の名古屋国際女子マラソンでも大会新記録で優勝。同年の札幌国際ハーフマラソンでも優勝。同年のシドニー五輪女子マラソンで日本陸上界で戦後初、日本人女性では史上初の金メダルを獲得。五輪最高記録も更新。国民栄誉賞を授与される。〇一年のベルリン・マラソンでも世界最高記録で優勝。翌年のベルリン・マラソンでも二年連続優勝。〇八年に引退発表。現在は日本陸上競技連盟理事、スポーツキャスター、マラソン解説者などで活躍。元自転車競技選手でマネージャーを務める西村孔との事実婚を公表している。

『高橋尚子 金メダルへの絆』著＝小出義雄 二〇〇〇年 日本文芸社

女子スポーツ界では高橋尚子に踵を接して現れたことになる。ここで取り上げるのは本意ではないが、あとで同じフィギュアスケーターの安藤や村主を取り上げる関係上、私が浅田真央がキライであるかのように思われては困るので、とても好きだということを言っておくために取り上げた。

浅田真央

Mao Asada

1990-

あさだ まお 愛知県名古屋市出身。中京大学体育学部体育学科卒業。三歳でバレエのレッスンを始め、五歳でスケートクラブに入会。２００４―２００５シーズンの全日本ジュニアグランプリで女子ジュニア史上初の三回転アクセルに成功。２００６―２００７シーズンはＮＨＫ杯で歴代最高得点で優勝、全日本選手権で優勝。２００７―２００８シーズンはＧＰシリーズ連勝、四大陸選手権、世界選手権で優勝。２００８―２００９シーズンはＮＨＫ杯優勝、ＧＰファイナルで女子シングルス史上初の二度の三回転アクセルを跳び優勝し、全日本選手権三連覇。２００９―２０１０シーズンは不調を見せるが、全日本選手権四連覇を達成しオリンピック代表に決定。一〇年のバンクーバーオリンピックでは、ＳＰで女子シングルス史上初の三度の三回転アクセルに成功、銀メダルを獲得。その後のシーズンは不調に終わり優勝を逃す。２０１１―２０１２シーズン中に母と死別、全日本選手権で五度目の優勝。２０１２―２０１３シーズンは中国杯、ＮＨＫ杯、ＧＰシリーズ、全日本選手権、四大陸選手権で優勝。２０１３―２０１４シーズンでもＧＰシリーズで優勝。一四年のソチオリンピックではメダルを逃すが、世界選手権は完璧な演技で優勝し、一年の休養を発表。一七年に引退発表。現在はプロスケーター、タレントとして活躍。

『私のスケート愛』著＝浅田真央　文藝春秋

安藤美姫

Miki Ando

1987-

安藤美姫は浅田真央とともに一時代を築いたフィギュアスケーターだが、ちょっと浅田真央の影になる気味もあった。美人っぽいが美人というほどではないが、サッパリした気性が好感を抱かせる人であった。

あんどう みき 愛知県名古屋市出身。トヨタ自動車に入社し、社会人入学で中京大学体育学部卒業。八歳でスケートを始める。2002―2003シーズンで女子シングルス史上初の四回転サルコウに成功。2004―2005シーズンでは三回転ルッツ―三回転ループ―二回転トゥループという女子では最高難易度のコンビネーションジャンプを成功させ、現在でも一度のジャンプで得た歴代最高得点記録を保持している。〇六年、トリノオリンピックに出場し総合十五位。2006―2007シーズンではGPシリーズ連勝、世界選手権優勝。一〇年のバンクーバーオリンピックでは五位入賞。2010―2011シーズンはGPシリーズ連勝、全日本選手権と四大陸選手権、世界選手権で優勝。2011―2012シーズンは競技を休養しアイスショーに多く出演。翌年のシーズンに競技への復帰を発表していたが、コーチが決まらず調整も間に合わなかったことから試合を欠場。一三年にトヨタ自動車退職と長女出産を発表し、2013―2014シーズンに出場するがオリンピック代表には選ばれず引退を表明。現在はプロスケーター、タレント、振付師として活動。

『ＭＹ Ｗａｙ安藤美姫写真集』写真＝能登 直　二〇一四年　集英社

村主章枝

Fumie Suguri
1980-

村主章枝も、浅田真央の影に隠れたフィギュアスケーターだが、引退後、二〇一七年にヌード写真集『月光』を出して世間を驚かせた。私はさっそく入手したが、村主は、生計のため、などと言っており、私はどういうものかヌードになる人というのが好きである。中には、あまり美しいとはいえない写真もあったのだが、「よしよし」と思ったことであった。

すぐり ふみえ　千葉県出身。神奈川県横浜市で育つ。父はパイロット、母は元客室乗務員。早稲田大学教育学部卒業。三歳から五歳までアメリカ・アラスカ州アンカレッジで暮らす。六歳からスケートを始める。1996―1997シーズンで日本選手権優勝。2000―2001シーズンの全日本選手権、四大陸選手権優勝、2001―2002シーズンの全日本選手権優勝でオリンピック出場決定。〇二年のソルトレークシティオリンピックでは五位入賞。2002―2003シーズンで全日本選手権と四大陸選手権で優勝、世界選手権で銅メダル、2003―2004シーズンではGPファイナル優勝、2004―2005シーズンも四大陸選手権優勝。2005―2006シーズンは所属の移籍や怪我を乗り越え、NHK杯二位、全日本選手権優勝を果たし、オリンピック出場決定。〇六年のトリノオリンピックでは四位入賞、長年のライバルであった荒川静香選手が金メダルを獲得。同年の世界選手権で銀メダル獲得。一四年に引退と今後は振付師を目指すことを発表。一七年に写真集『月光』刊行。現在、講演活動などを行う。

『村主章枝写真集　月光』著＝村主章枝　写真＝アンディ チャオ　二〇一七年　講談社

マーガレット・サッチャー

Margaret Thatcher

1925-2003

サッチャーを映画などで演じた女優が二人いる。『マーガレット・サッチャー　鉄の女の涙』（二〇一二）のメリル・ストリープと、テレビドラマ「ザ・クラウン」（二〇）のジリアン・アンダーソンである。髪型が独特なので似せるのは難しくなかったが、ジリアン・アンダーソンのほうは美人なので、見ているとだんだんサッチャーではないと思えて来た。在任中にエリザベス二世と何度か対話するが、二人は同い年だとその時知った。

一九八二年にフォークランド紛争が起きて、英国軍隊が派遣され、まだ帝国主義は生きているのかと思ったが、その年私は大学一年生で、歌舞伎座へ三代市川猿之助の「天竺徳兵衛」を観に行き、徳兵衛が入れごとでフォークランド紛争の話をしたので、その年だと覚えている。

「ザ・クラウン」で、敵を作ったわねとエリザベス女王から言われたサッチャーは、チャールズ・マッケイ（一八一四―八九）の風刺詩を引用する。「敵などいないと君は言うのか？　それは君が戦ってこなかったからだ」というもので、私は大いにこの詩が好きになった。

マーガレット・サッチャー　イギリス・リンカンシャー州グランサム出身。父は食料雑貨商を営み、市長も務めた。オックスフォードのサマーヴィル大学卒業後、企業で化学の研究者として働く。一九五〇年に保守党から下院議員選挙に立候補し落選。五一年に実業家のデニス・サッチャーと結婚。五三年に一男一女の双子を出産、同年に弁護士資格を取得。五九年に下院議員に当選。七〇年にエドワード・ヒース内閣で教育科学相に任命。政府の支出削減のために学校の児童への牛乳の無料提供を廃止したことで「マーガレット・サッチャー　ミルク・スナッチャー（ミルク泥棒）」と呼ばれる。七五年に保守党党首選挙に出馬し当選。同年に英国や米ソを含む三十五ヶ国が調印し冷戦の終結につながったヘルシンキ宣言を批判。ソ連の機関紙で「鉄の女」と非難される。七九年の総選挙では保守党が大勝し、女性初のイギリス首相に就任。新自由主義に基づきインフラの民営化や金融規制緩和を断行。サッチャー政権の経済政策はサッチャリズムと呼ばれる。財政赤字は克服したが失業者が増大した。二〇世紀以降のイギリス首相で最長の在任期間を経て、九〇年の党首選挙で破れ辞任。九二年に一代貴族として男爵位を授爵され貴族院議員になる。九五年、ガーター勲章受章。九〇年に夫も長年にわたり妻を支えた功績から準男爵を授爵された。二〇〇三年に夫と死別。〇八年に長女が認知症の進行を公表。一三年に死去し、ウェストミンスター宮殿とセントポール寺院で葬儀が行われ、エリザベス女王二世も参列した。伝記映画『マーガレット・サッチャー　鉄の女の涙』はサッチャーの生前に公開され、本人は見ていないとコメントしている。主演のメリル・ストリープはこの作品によりアカデミー賞主演女優賞を受賞した。

『サッチャー回顧録：ダウニング街の日々　上下巻』著＝マーガレット・サッチャー　訳＝石塚雅彦
一九九六年　日本経済新聞社

インディラ・ガンディー

Indira Gandhi
1917-1984

インディラ・ガンディーが暗殺されたことを、私は本郷のルノワールで、所属サークル「児童文学を読む会」の読書会をやっていた時、店内設置の大型テレビで知った。麻布出身のリア充風な先輩が、「まあ、インドくらいならこれで政変が起こることもないだろう」といかにも東大生風のクールなコメントをしていた。

私も当初、マハトマ・ガンディーの娘かと勘違いしていたが、初代首相ネルーの娘で、ガンディーは夫の姓で、マハトマとは関係がない。インドのアルン・ジャイトリー元財務大臣やラビ・シャンカール・プラサド元通信大臣が彼女を「インドのアドルフ・ヒトラー」とたとえたりした。インド東部がガンジス川の氾濫で水没した時、象に乗って出かけて行ったという。

のち、パキスタンのベナジル・ブットがやはり爆弾で暗殺された時、その運命のインディラ・ガンディーとの類似に驚いた気がする。ともに首相の娘に生まれたというあたり……もっともベナジル・ブットのほうは明らかな美人であった。

インディラ・ガンディー　イギリス領インド帝国イラーハーバード出身。父は独立運動のリーダーで、インドの初代首相となったジャワハルラール・ネルー。裕福なバラモン階級の家に生まれる。一九三七年にオックスフォードのサマーヴィル大学入学。歴史や政治学、経済学などを学ぶが体調不良が続き、卒業することなく帰国。死後に名誉学位を授与される。四二年、ロンドンで出会ったフェローズ・ガンディーと結婚、二男を儲ける。四七年にインドが独立。フェローズは国会議員となるが、六〇年に死去。五〇年代は父の秘書を務めていたが、五九年にインド国民会議総裁に就任。六四年にネルーが死去すると、ラール・バハードゥル・シャーストリー内閣の情報放送大臣に就任。六六年にシャーストリーが死去し、インド国民会議で投票が行われ首相に就任。食糧危機に苦しむインドで社会主義的な政策を進める。七一年、東パキスタンのパキスタンからの独立運動に介入し、第三次印パ戦争が起きる。ソ連の協力を得て勝利し、東パキスタンをバングラデシュとして独立させる。七五年、選挙違反で有罪となったが非常事態令を発令し反対勢力を排除。しかし七七年の総選挙でインド国民会議は惨敗し落選。八〇年に政権を奪還し再び首相に就任。八四年、過激派シク教徒が立てこもった聖地、ハリマンディル・サーヒブを攻撃。激しい反発を招き、俳優のピーター・ユスティノフからインタビューを受けている最中に暗殺される。その後、長男のラジーヴが首相になったが、九一年に暗殺されている。日本では梶原一騎『愛と誠』の冒頭にネルーが娘に宛てた手紙の言葉が使われているが出典は不明。独立運動で投獄されていたネルーがナイニー刑務所からインディラに送った二百通もの手紙は書籍化されている。

『私の真実――自伝的回想』著＝インディラ・ネール・ガンジー、デマニュエル・プーシュパダス
一九八一年　評論社

カラミティ・ジェーン

Calamity Jane
1856/52-1903

西部劇時代の女ガンマンである。美人かというとそうではない。だが一九五三年のアメリカ映画『カラミティ・ジェーン』では、ほぼフィクションとしてドリス・デイがカラミティを演じており、これは美女として演じているから、美人だと思っている人もいるのではあるまいか。つまり、映画の中でのみ美人だった女ということになる。

ところで日本の特撮ロボットもの「ジャイアントロボ」には、ジャイアントロボそっくりの形をした時限爆弾「カラミティ」というのが登場するのだが、この名前はカラミティ・ジェーンからとったのか、「災厄」を意味する英語からとったのか、判然としない。

カラミティ・ジェーン　アメリカ・ミズーリ州プリンストン出身。父母を十代で亡くし、弟妹を養うためあらゆる仕事に就いた後、銃を持って馬に乗り斥候として働き始める。一八七六年からはサウスダコタ州のブラックヒルズに住み、ワイルド・ビル・ヒコックと出会い友人となる。一八八一年、モンタナ州マイルズシティで宿屋を経営。結婚し、一女を儲ける。九三年からはカラミティ・ジェーンとして、バッファロー・ビルのワイルド・ウェスト・ショーに騎手および曲芸ガンマンとして出演し、全米巡業に参加。晩年はブラックヒルズに戻るが、肺炎にかかり四十七歳で死去する。『平原児』(監督=セシル・B・デミル 三六)ではジーン・アーサーが、『腰抜け二丁拳銃』(監督:ノーマン・Z・マクロード 四八)ではジェーン・ラッセルが、『ワイルド・ビル』(監督=ウォルター・ヒル 九五)ではエレン・バーキンがカラミティ・ジェーンを演じた。

四十三歳のカラミティ・ジェーン。一八九五年ごろ撮影。H. R. Locke, Public domain, via Wikimedia Commons

アメリア・イアハート

Amelia Earhart
1897-1937

女性で初めて大西洋を単独飛行で横断した人である。一九三二年のことで、リンドバーグは五年前に達成しており、女性版リンドバーグということでレディ・リンディと呼ばれた。この横断飛行を持ちかけたのが、政治評論家で出版者のジョージ・パットナムで、二人は横断飛行の準備の間に親しくなり、結婚した。だが一九三七年、赤道上の世界一周飛行の最中、ニューギニアを過ぎたあたりで消息を絶ち、捜索をおこなったが見つからなかった。エレノア・ルーズヴェルトとも親しかった。

死の真相は解明されておらず、いまだに深海や事故現場近くで発見された人骨が調査されている。その存在は現在も注目され、映画『ナイトミュージアム2』に描かれたり、女性誌やファッション誌で特集されたりしている。

アメリア・イアハート　アメリカ・カンザス州アッチソン出身。父は連邦判事、銀行の社長の息子で、弁護士として働いていた。父がアルコール依存症になり家が没落。ペンシルベニア州立大学オゴンツセンターの短期大学を中退し、第一次世界大戦中に看護師として働く。一九一九年、コロンビア大学に入学し医学を専攻するが家族と暮らすために中退。二〇年、飛行場を訪問し飛行を学ぶことを決意。さまざまな仕事に就いてレッスン料を貯め、翌年から女性飛行士に飛行訓練を受ける。髪を短く切り、中古の飛行機を購入。二二年には女性パイロットの世界記録を樹立。二四年に両親が離婚し、母親が遺産管理に失敗したため飛行機を売りソーシャルワーカーとして働く。米国航空協会のボストン支部のメンバーになり、二七年にデニソン空港から飛行。航空機の営業をしたり地元新聞にコラムを執筆して働く。二七年にチャールズ・リンドバーグが大西洋の単独飛行に成功したことを受け、翌年に女性初の大西洋飛行を行うプロジェクトに抜擢され、成功。「レディ・リンディ」と呼ばれ、自叙伝を出版。講演ツアーを行い、タバコやファッション、スポーツウェアの宣伝キャラクターとなる。三一年にはプロジェクトメンバーの一人だった出版社社長のジョージ・パットナムが前妻と離婚し、イアハートと結婚。雑誌『コスモポリタン』副編集長になって航空を宣伝、航空会社の副社長にも就任。三二年にはリンドバーグと同じルートでの単独飛行に挑戦し、着陸地点を変更するが成功。空軍殊勲十字章、レジオン・ドヌール勲章受章、アメリカ地理学協会のゴールドメダル獲得。同年に女性として初めてアメリカ大陸単独横断無着陸飛行に成功。ハワイからカリフォルニア州までの単独飛行にも女性初の成功を果たす。三七年、赤道上世界一周飛行に挑戦するが途中で消息を断つ。二〇一八年に太平洋のニクマロロ島で発見された遺骨の分析が改めて行われ、テネシー大学名誉教授のリチャード・ジャンツ氏がアメリカの学術誌『フォレンジック・アンソロポロジー』に遺骨がイアハートのものである可能性が高いという論文を発表している。二〇一九年にはニクマロロ島でイアハートの飛行機の捜索が行われたが何も発見されなかった。

一九二八年撮影。Public domain, via Wikimedia Commons

ソフィ・ブランシャール

Sophie Blanchard
1778-1819

映画『イントゥ・ザ・スカイ』に出て来る女性気球乗りは架空の人物だが、そのモデルの一人がソフィ・ブランシャールというフランスの気球乗りである。ヨーロッパ中に知られた気球乗りジャン＝ピエール・ブランシャール（一七五三―一八〇九）の妻で、夫が病死したあと事業を継いで女性気球乗りとなった。だが最後は気球が墜落して四十一歳で死亡し、世界初の女性の航空事故での死亡者となった。

ソフィ・ブランシャール　フランス・トロワ＝カノン（現在のイヴ）出身。プロテスタントの家庭で生まれ育ち、元の名前はマリー・マドレーヌ＝ソフィー・アルマンであると言われている。一七九〇年代に、世界初のプロの気球乗りだったジャン＝ピエール・ブランシャールと結婚。一八〇四年に夫と共に初めて気球で飛行。〇五年にはトゥールーズにあるドミニコ派の修道院の庭から離陸して単独飛行を行い、女性初のプロの気球乗りとなる。〇九年に夫と死別後は、仕事を引き継いで六十回以上の飛行を行なったと言われている。一〇年、ナポレオンとマリア・ルイーザのシャン・ド・マルス公園での結婚祝賀会で、気球ショーを行う。ナポレオン二世が誕生した際も気球で飛び立ち、パンフレットを撒いた。一一年、ナポレオン二世の洗礼の祝賀会では気球からの打ち上げ花火を披露。イタリアでも彼女の気球興行は大人気でヨーロッパ中に名を知られた。気球によるアルプス越えも行っている。一九年、パリのティヴォリ公園で気球ショーを行うため飛行を始めた時に花火から引火し、墜落死した。

死後に描かれた肖像。一八五九年　Jules Porreau, Public domain, via Wikimedia Commons

ワンダ・フォン・ザッヘル＝マゾッホ

Wanda von Sacher-Masoch
1845-1933

私の若いころ、タヴィアーニ兄弟として知られる映画監督のさらに下の弟のフランコ・ブロジ・タヴィアーニ監督による『作家マゾッホ愛の日々』という映画を観て、結構感銘を受けた。といっても私はＳＭ趣味はないのだが、そこでマゾッホの妻となったワンダ（アウローラ・リューメリン）役の女優が良かったのである（フランチェスカ・デ・サピオ）。

富士見ロマン文庫で翻訳が出た、この映画にインスパイアされて書かれたフィリップ・ペランの小説も良かった。だが、ワンダの実際の写真を見た私は、その美人というわけではないことにショックを受けた。そして、実際に読んだザッヘル＝マゾッホの小説は、かなりつまらなかった。

ワンダ・フォン・ザッヘル＝マゾッホ　オーストリア・グラーツ出身。本名はアウローラ・リューメリン。父は公務員。両親が別居し、縫製学校を卒業後に針子や洗濯女、タバコ売りなどで生計を立てる。一八六九年にレーオポルト・フォン・ザッハー＝マゾッホが刊行した『毛皮を着たヴィーナス』の登場人物である「ワンダ」を名乗り、七三年にマゾッホと結婚、三人の子を儲ける。八三年にジャーナリストと恋愛関係になり夫と別居、八六年に離婚。七三年に小説『高潔な女性の小説』、一九〇六年に自伝『私の人生の告白』などを刊行している。

ザッヘル・マゾッホの半生を描いた映画『作家マゾッホ愛の日々』（八〇）でワンダを演じたフランチェスカ・デ・サピオは『マイ・ワンダフル・ライフ』『ロッキーヒルの魔女たち』『靴ひも』などに出演している。

一九三三年撮影。 sacher-masoch, Public domain, via Wikimedia Commons

ビアトリクス・ポター

Beatrix Potter

1866-1943

クリス・ヌーナン監督の伝記映画『ミス・ポター』（二〇〇六）では、レネー・ゼルウィガーがビアトリクス・ポターの若いころを演じているが、ゼルウィガーは二十七歳の時の『草の上の月』では美しかったが、三十二歳の『ブリジット・ジョーンズの日記』ではブス美と化し、『ミス・ポター』はその五年後だからやはりブス美である。

この映画は史実を少し改変している。ポターはアッパーミドルクラスの家に生まれ、キノコの研究で学会に出ようとしたが、女だからというので学者になれなかった。ピーターラビットの絵本も数社から出版を断られ、自費出版したあとでウォーン社から出て成功を収め、同社のノーマン・ウォーンと結婚を決めたが両親に反対され、半年待っている間にウォーンが病死してしまったのは事実で、この時ポターは三十九歳だった。その後農場を経営するようになったポターは弁護士のウィリアム・ヒーリスを頼り、ヒーリスと結婚したのは、ポターが四十七歳になる年だった。

ビアトリクス・ポター　イギリス・ロンドン出身。父は弁護士だったが裕福な生まれだったので仕事をしなかった。一八八二年ころから避暑のため湖水地方に通うようになる。九五年、ナショナル・トラストの第一号終身会員となる。

九七年、ハラタケ属の胞子についての論文を学会に提出するが、当時女性は学会に参加できなかった。ピーターラビットの物語を自費出版したところ高い評価を得て、一九〇二年に『ピーターラビットのおはなし』を刊行。その後も新作を出版する。〇五年、出版社の息子であるノーマン・ウォーンに結婚を申し込まれ、両親の反対を押し切って承諾。しかしノーマンが白血病で死去。湖水地方のニア・ソーリーに移住し、自然保護のために土地を購入しナショナル・トラストに寄付。その管理を任せた弁護士にプロポーズされ、また両親に反対されるが、一三年に結婚。ニア・ソーリーの自然を保護しながら創作活動を続けた。『りすのナトキンのおはなし』『グロースターの仕たて屋』『あひるのジマイマのおはなし』『まちねずみジョニーのおはなし』『ずるいねこのおはなし』などの絵本が世界中で読まれているほか、ピーターラビットのぬいぐるみや食器、ボードゲームなどの特許をポターの生前に取得し商品化も盛んに行われている。死後、遺灰はヒル・トップに散骨された。

一九一二撮影。Potter's father Rupert Potter, died 1914, Public domain, via Wikimedia Commons

俵万智

Machi Tawara

1962-

俵万智さんをこの項で紹介するのも不適切ではないかという気はする。だが私は自分と同い年の俵さんについて書いておきたい。若いころ、『サラダ記念日』（一九八七）のヒットにあわせて『俵万智のボイスレター』というカセットブックが出たのを私は買ってきて、ちょっとどきどきしながら聴いたりした。早大時代、放送部にいて、高田馬場駅のアナウンスをしていたと聞いて、あ、そうかと思ったのは、高田馬場の次の駅に近い高校へ通っていた私は、高田馬場駅で妙に素人っぽい女の声のアナウンスを聴いて、何だか声だけでぽわっとした美しい人を想像していたのだが、あれは早大放送部の人であったかと思った。もちろん私と俵さんは同い年だから高校時代に聞いた声は俵さんではない。

俵さんは四十歳で「未婚の母」になり、父親は誰かと、当時雑誌で騒がれたりしたが、それから一年後、読売新聞で俵さんは私小説「トリアングル」を連載し、相手の男をあっさり明かした。名前は書いてないが、調べればすぐあのカメラマンだとわかる。だが、人々はそのあまりの堂々ぶりに度肝を抜かれたのか、何か大人の事情があるのか知らないが、そのことを書かなかった。

たわら まち　大阪府北河内郡門真町（現・門真市）出身。早稲田大学第一文学部卒業。父は希土類磁石の研究者の俵好夫。在学中に佐佐木幸綱に師事。教員として働きながら一九八六年に角川短歌賞受賞。八七年に歌集『サラダ記念日』を刊行しベストセラーとなる。九四年、戯曲「ずばぬけてさびしいあのひまわりのように」がつかこうへいによって上演。〇三年から初の小説「トリアングル」を読売新聞に連載、阿木燿子が監督して『ＴＡＮＮＫＡ　短歌』として映画化。〇三年に男児を出産。〇六年に若山牧水賞受賞。同年より仙台市に住んでいたが、一一年に石垣島に移住。〇七年に映画『クワイエットルームにようこそ』に脇役で出演。一九年に『牧水の恋』で宮日出版文化特別大賞、二一年に『未来のサイズ』で詩歌文学館賞、迢空賞受賞。

『サラダ記念日　俵万智歌集』著＝俵 万智　一九八七年　河出書房新社

アン・モロー・リンドバーグ

Anne Morrow Lindbergh

1906-2001

一九二七年に、単独での飛行機による大西洋横断を達成したチャールズ・リンドバーグと結婚し、六人の子を儲けた。一九三二年に幼い長男が誘拐されて殺される事件が起き、アガサ・クリスティーはこれをもとに『オリエント急行殺人事件』を書いた。その後ドイツへ渡り、ナチスと親しくし、米国とドイツの同盟を働きかけた。この時の著作は戦争中、日本で翻訳されている。戦後は反戦運動に従事した。

また作家として、女の生き方などを論じた『海からの贈物』を書き、ロングセラーとなった。

アン・モロー・リンドバーグ　アメリカ・ニュージャージー州イングルウッド出身。父はＪＰモルガン商会の共同経営者の一人で、後にメキシコ大使・米国上院議員となる。一九二八年、スミス大学を卒業し文学士号を取得。二九年、大西洋無着陸横断単独飛行を史上初めて達成したチャールズ・リンドバーグと結婚、四男二女を儲ける。三〇年、アメリカ人の女性として初のグライダーのライセンスを取得。三一年にはプロペラ機の免許取得。三二年に長男の誘拐殺人事件が起きる。その後、夫妻でヨーロッパに移住。ナチス・ドイツと親しくし、アメリカとドイツの同盟を働きかけ、帰国後は反戦運動に携わる。三五年に刊行したエッセイ『翼よ、北に』で全米図書賞を受賞、五五年にはエッセイ『海からの贈物』がベストセラーになるなど著書多数。夫はミュンヘンの帽子職人、そして秘書との間に複数の子供を儲けている。

一九一八年撮影。写真：Yale University Manuscripts & Archives Digital Images Database, Louis Fabian Bachrach, Public domain, via Wikimedia Commons

エレノア・ルーズヴェルト

Eleanor Roosevelt
1884-1962

第二次大戦時の米国大統領フランクリン・ルーズヴェルトの妻だが、第一次大戦時の大統領セオドア・ルーズヴェルトの姪で、生まれた時からルーズヴェルトであった。

人権運動家として熱心であり、ポリオを発病した夫を支えて活躍した。大戦終結前に夫が死んでからも活動したが、夫以外の男との不倫もしていて、夫もそれを認めていた。伝記映画が作られないのはそのせいかもしれない。

『集英社版・学習漫画・世界の伝記NEXT　エレノア・ルーズベルト』（シナリオ＝和田奈津子、漫画＝よしまさこ）のカバー折返しにある「エレノアが歩んだ道のり」の、エレノア十四歳の時の写真のキャプションには「外見ではなく内面の美しさが、エレノアを輝かせています」と書いてあるが、それって……。つい書いた人の本心が出てしまった言いようである。

第二次大戦末期に夫が死ぬと、戦後は国連代表団に入り「世界人権宣言」の作成に参加した。もっともヨーロッパにも多くの君主国があり世襲貴族のいる国がある以上、この人権宣言は機能していないのが実情である。

エレノア・ルーズヴェルト　アメリカ・ニューヨーク出身。父はセオドア・ルーズヴェルト大統領の弟、母は大富豪の名門出身。子供のころに両親と死別し、

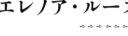

祖母と家庭教師に養育される。イギリスにわたり、フェミニストのマリー・スーヴェストゥールが校長を務めるウィンブルドンの女子寄宿学校を卒業。帰国後はニューヨークで、貧しい移民の子供のための学校で働く。一九〇五年、遠い親戚のフランクリン・ルーズヴェルトと結婚、五男一女を儲けた。二一年、夫がポリオに罹患、政界への復帰を支える。一八年、自分の秘書と夫との不倫を知ったが容認。一方、エレノアも長年の友人だった女性記者ロレーナ・ヒコックや夫の側近、ボディガードと恋愛関係にあり、夫妻は互いの不倫を認め合っていたとされている。三三年に夫が大統領に就任すると、女性やマイノリティに関する進歩的政策の発案に協力。四五年に夫と死別、国際連合第一回総会代表団メンバーに指名される。翌年にロンドン総会に参加し人権委員会委員長に選出、世界人権宣言の起草に着手し、四八年に国連総会で採択。五二年まで米国国連代表を務める。以後も各国を訪れ、女性の地位向上や人権差別問題解消に尽力した。六一年、ジョン・F・ケネディ大統領より「女性の地位に関する大統領委員会」の委員長に任命され、六二年に亡くなるまで務める。トルーマン大統領は彼女の功績を称えて「世界のファースト・レディー」と呼んだ。エッセイや自叙伝を多数出版し、日本でも『あなたと私の十代』（秋元書房　六二）『エリノア・ルーズヴェルト自叙伝』（時事通信社　六四）『人生とエチケット』（白水

社　七一）『生きる姿勢について―女性の愛と幸福を考える』（大和書房　七一）などが翻訳・刊行された。

一九三三年撮影。Public domain, via Wikimedia Commons

ジョセフィン・テイ

Josephine Tey
1896-1952

『時の娘』（一九五一）という歴史ミステリーで知られる女性作家で、怪我して入院している刑事と若い歴史家が、シェイクスピアの戯曲で悪人として名高いリチャード三世が悪人かどうか調べるというものである。結論として、リチャード三世を倒したヘンリー七世のほうが悪人だということになるのだが、私はこれを読んで『リチャード三世は悪人か』という本を書いた。

テイの議論はクレメンツ・マーカムの一九〇六年の本を下敷きにしており、そのへんどうなのか疑問ではある。私自身はむしろそのあと出た、リチャード三世は言われていることをやりはしたが、当時の戦国武将みたいな王としては普通のことだという結論が妥当だと思う。

ジョセフィン・テイ　スコットランド・インヴァネス出身。果物屋に生まれる。インヴァネス王立アカデミーに入学するが、家庭の事情で中退。その後、バーミンガムの体育学校卒業。体育教師として働くが、父母の看病のため辞職。二五年、ゴードン・ダヴィオット名義で新聞に執筆しデビュー。二九年に最初のミステリー小説『Kif : An Unvarnished History』を刊行。同年にロンドン警視庁のアラン・グラント警部を主人公とした『列のなかの男』も出版して話題となる。その後もグラント警部シリーズを発表し、特に『時の娘』（五一年）は、九〇年に英国推理作家協会によって史上最高の推理小説の第一位に選出された。三二年の史劇「ボルドーのリチャード」も高く評価され、名優ジョン・ギールグッドの代表作の一つになった。その後も戯曲・ラジオドラマも手掛けている。病気を誰にも告げずに静かに亡くなり、著作権や財産はナショナル・トラストに寄贈。

『Josephine Tey: A Life』著＝Jennifer Morag Henderson　Sandstone Press

橋田壽賀子

Sugako Hashida
1925-2021

大阪大学で教えていた時、学生のレポートに「大学で教わることよりも『渡る世間は鬼ばかり』を観たほうがよほど勉強になる」と書いてあった。「渡る世間は鬼ばかり」は、一九九〇年からTBSで放送されたホームドラマだが、二つの大家族を主役に、中華料理店「幸楽」の「嫁」の立場にある泉ピン子を中心として、日本の家族制度の中で女がどんな地位に置かれてきたかを情感巧みに描いた作品で、もしこの三十年に、日本人の、女の立場に対する見方が変わったとしたら、それはフェミニズムを大学で教えたせいではなく、「渡る世間は鬼ばかり」のためであると言って間違いないくらいの影響を与えたので、この学生の言っていたことは正しいのである。

インテリというものは、自分たちの影響力がいかに小さいかをだいたい知らずにいるものなので、「なにをっ、フェミニズムをバカにするか」とか思う人は最初のほうだけでいいから「渡鬼」を観てごらんなさいと言いたくなる。伊達に文化勲章を受章したわけではないのである。

はしだ すがこ　朝鮮・京城出身。父は鉱山と土産店を経営。日本女子大学文学部国文学科卒業後、早稲田大学第二文学部国文科に入学、藝術科演劇専修に転科するが中退。在学中に劇団「小羊座」で役者として舞台に立ち、久板栄二郎の脚本塾で学ぶ。一九四九年に松竹に入社、脚本部に配属。松竹初の女性社員となる。五〇年、『長崎の鐘』（監督＝大庭秀雄）で新藤兼人を手伝い脚本家デビュー。五二年の『郷愁』（主演＝岸惠子）で初めて単独で脚本を手掛ける。五九年に松竹を退社しフリーとなる。六四年、ＴＢＳ「愛と死をみつめて」（主演＝山本學、大空真弓）が反響を呼ぶ。六六年、「泣いてたまるか」（主演＝渥美清）に脚本家の一人として参加。同年にＴＢＳ編成局の岩崎嘉一と結婚。六八年放送のＮＨＫ連続テレビ小説「あしたこそ」（主演＝藤田弓子）が最高視聴率五五・五％を記録。七六年、「となりの芝生」が話題となりテレビ大賞優秀番組賞受賞。八三年の「おしん」は世界的なヒット作となる。ＮＨＫ大河ドラマ「おんな太閤記」「いのち」「春日局」を手掛ける。九〇年に始まった「渡る世間は鬼ばかり」は二十九年に及ぶシリーズとなった。

『人生ムダなことはひとつもなかった　私の履歴書』著＝橋田壽賀子　二〇一九年　大和書房

column 5

美人が年をとる時

村上春樹が、昔美しかった女性が年をとった姿を見るのがつらいと書いていたが、確かにそれはあるし、美人だというのでチヤホヤされて生きて来た女が中年に差し掛かるとそれがなくなるのできついと藤森かよこが書いていたのは正しいだろう。

私も、若いころ好きだったアイドル歌手が六十歳になって歌っているのをYouTubeで観て「そっ閉じ」したことがある。

だが、中には吉永小百合のように、いつまでも美しいかのようにふるまう人もいる。石田ゆり子が四十八歳で美しいと言われているが、吉永小百合が四十八歳の時に誰もそんなことは言わなかった。美しいのが当然だからである。

本書では、現時点でけっこう年のいってしまった人も取り上げたが、そういう時はあまり「現在は……」などと書かないようにした。

日本人で、盛んにメディアに出る女優など、書かないのが不自然な人はそうでもないが、原節子や山口百恵のように姿を隠している人のことまで考えなくてもよろしいのである。

装幀
アルビレオ
カバーイラスト
中村桃子
DTP
横川浩之

美《うつく》しくないゆえに 美《うつく》しい女《おんな》たち

2021年11月15日　初版発行

著者

小《こ》谷《や》野《の》　敦《あつし》

発行所

株式会社　二見書房

東京都千代田区神田三崎町2-18-11

電話　03(3515)2311[営業]

電話　03(3515)2313[編集]

振替　00170-4-2639

印刷

株式会社　堀内印刷所

製本

株式会社　村上製本所

落丁・乱丁本はお取り替えいたします。

定価はカバーに表示してあります。

ISBN 978-4-576-21157-2

https://www.futami.co.jp/

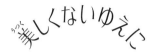